Hartmut Gagelmann, 1948 in Osterburg (DDR) geboren, hat Musik in Berlin, Detmold und Freiburg i. Br. studiert. Er war an Bühnen in Köln und Pforzheim tätig und ist seit 1981 unter dem Künstlernamen Wendland Kapellmeister, Studienleiter und Repetitor am Stadttheater St. Gallen.

Vollständige Taschenbuchausgabe 1985
Droemersche Verlagsanstalt Th. Knaur Nachf., München
Lizenzausgabe mit freundlicher Genehmigung des
Walter-Verlags
© 1983 Walter-Verlag, Olten
Umschlaggestaltung Adolf Bachmann
Umschlagfoto Silvestris/Siegfried Kerscher
Druck und Bindung Elsnerdruck, Berlin
Printed in Germany   15
ISBN 3-426-02338-5

Hartmut Gagelmann
Kai lacht wieder

Ein autistisches Kind durchbricht
seine Zwänge

Mit einem Geleitwort von Wim Thoelke

Inhalt

Geleitwort
7

Vorwort
9

Ahnungen
13

Der Zusammenprall
52

Unerwartete Wende
70

Der Rückfall
118

Neuanfang
132

Geleitwort von Wim Thoelke

Vielleicht waren Sie bisher der Meinung, ein Buch aus der Welt der Behinderten sei nur etwas für Ärzte, Pfarrer, Pfleger, Psychotherapeuten und Sozialarbeiter.
Sie werden umdenken müssen.
Denn «Kai lacht wieder» ist für Leute geschrieben, die ein spannendes, heiteres –, ja, heiteres –, ergreifendes und zutiefst menschliches Buch lesen wollen.
Es erschließt dem Leser eine neue, faszinierende Welt, in der Lachen und Weinen, Kummer und Komik sich ununterbrochen berühren und vermischen. Es ist ein ungewöhnlicher Blick hinter die Kulissen, der informiert, unterhält und – vor allem – fesselt und bewegt.
Der Autor hat ein Auge, das viel erkennt, und ein Herz, das viel versteht. Er ist keine Sekunde langweilig und schreibt so gut, daß ich sicher bin, daß mit diesem Buch die erfolgreiche Laufbahn eines jungen Schriftstellers namens Hartmut Gagelmann beginnt.
Man kann «Kai lacht wieder» nicht lesen, ohne innerlich Anteil zu nehmen. Schämen Sie sich nicht, wenn gelegentlich echte Rührung Sie übermannt. Mir ging es genauso.
Wenn es in unserer Zeit noch so etwas wie ein Lese-Erlebnis geben sollte – hier haben Sie eines. Es liegt vor Ihnen und wartet auf Sie. Öffnen Sie Ihr Herz und treten Sie ein in ein Land, das für den sogenannten normalen Menschen weiter entfernt liegt als die sieben Berge – und das uns allen doch so nah ist.

Ganz herzlich, Ihr

Vorwort

«Sie werden ein schwer behindertes Kind bekommen» – wenn ich eine Frau und schwanger gewesen wäre, hätte mich dieser Satz sicher zutiefst erschreckt. Aber ich war keine schwangere Frau. Ich war ein unbeschwerter, neunzehnjähriger Student, der den Militärdienst verweigert hatte. Als man mir jenen Satz sagte, leistete ich gerade meinen Ersatzdienst bei behinderten Kindern. Aber es war weiß Gott kein Ersatz, es sollte vielmehr eine Erfahrung werden, die durch nichts mehr in meinem Leben ersetzt werden kann. Diese Erfahrung trägt in erster Linie den Namen Kai.

Er war zehn Jahre alt, als ich ihm damals begegnete. Er hatte in diesen zehn Jahren nicht gesprochen; er konnte es nicht, oder er wollte es nicht. Er wollte auch nicht essen. Man hatte ihn zehn Jahre lang künstlich und mit Gewalt ernährt. Aber er hat viel geschrien und geweint. Er hat vielen Leuten Haare ausgerissen, er hat vielen Menschen, die sich um ihn kümmern wollten, das Gesicht und die Hände blutig gekratzt. Er hat Tapeten von den Wänden gerissen und Gardinen von den Fenstern. Wenn er die Hose voll hatte, dann hat er das Zeug gegessen, hat es in sein Gesicht geschmiert und an die Wände.

So habe ich Dich kennengelernt, Kai. Du hast diesen Deinen Namen in mich eingebrannt. Du hast Dich mir in den Weg gestellt – wie ein Berg, den ich nie überwinden würde. Wir haben einen schrecklichen Krieg gegeneinander geführt. Oft hat Deine Nase geblutet, oft haben meine Hände und mein Gesicht von Deinen Nägeln geblutet. Wir haben beide viel geweint, Du am Tage, bis Du Dich endlich gegen Mitternacht in den Schlaf weintest, und ich in der Nacht, wenn ich nicht mehr wußte, wie ich den nächsten Tag, wie ich Dich überstehen sollte.

Aber Du hast diesen Krieg gewonnen, weil Du mich gezwungen hast, Dich zu verstehen und Dich zu lieben. Eines Tages hast Du meinen Namen gesagt, ich konnte ihn kaum verstehen, aber ich merkte, daß Du mich meintest. Ich habe dabei gezittert, weil ich wußte, daß Du nicht sprichst – und das seit zehn Jahren. Aber Du hast angefangen zu sprechen. Eines Tages hast Du aufgehört, in die Hose und ins Bett zu machen. Eines Tages hast Du angefangen, selber zu essen. Und eines Tages wolltest Du mitgehen, als ich weggehen mußte und Dich nicht mitnehmen konnte.

Ich hatte Dich bekommen wie mein eigenes Kind, aber da warst Du schon zehn Jahre alt. Und ich habe Dich gehen lassen müssen wie meinen eigenen Sohn, weil Du nicht mein Sohn warst. – Wir sind nur ein Stück weit zusammen auf Deinem schweren Weg gegangen. Aber auf dieser kurzen Wegstrecke bist Du zu meinem Kind geworden, zu dem Menschen, den ich am meisten geliebt habe und den ich noch heute am meisten liebe.

Du warst nicht so, wie ich mir einen Menschen vorgestellt habe. Du warst so vollkommen anders, daß ich nichts an Dir begreifen konnte. Du hast mir so lange das Essen ins Gesicht gespuckt, Du hast mir so lange die Haare ausgerissen, und Du hast so lange Deinen eigenen Kot gegessen, bis ich begriffen habe, daß Du auch ein Mensch bist. Daß Du mit Händen und Füßen nach Liebe geschrien hast.

Du hast mir gezeigt, daß ich der Behinderte war. Weil ich mit festen Vorstellungen ankam, wie sich ein Mensch benehmen muß. Man macht nicht ins Bett! Man ißt seine Suppe! Man kratzt nicht andere Leute! Du hast mich gezwungen, ja zu sagen. Ja zu dem Kai, der sich wie ein Tier benahm. Und erst, als ich das geschafft hatte, hast Du mir die Tür zu Deiner Seele aufgemacht.

Die Leute werden vielleicht darüber lachen, daß sich ein angeblich normaler Mensch bei einem Behinderten bedankt. Ich tue es trotzdem, denn ich verdanke Dir das Wichtigste: daß ich heute Menschen akzeptieren kann, so wie sie sind. Egal, ob sie nicht singen können oder ob sie nicht sprechen können, ob sie nicht lesen können oder nicht laufen. Im Grunde sind wir alle

gleich, wir kämpfen alle gegen unsere eigenen Fehler, gegen unsere eigenen Schwächen, gegen unsere eigene Behinderung.
Kai – Du und alle Behinderten, Ihr müßt den sogenannten Normalen entgegentreten. Ihr müßt ihnen sagen, daß Ihr auch ein Leben habt, selbst wenn dieses Leben so ganz anders aussieht. Ihr müßt ihnen sagen, daß Ihr auch ein Schicksal habt, auch wenn es um so vieles schwerer ist. Ihr dürft Euch nicht in Heimen und Anstalten verstecken, sondern Ihr müßt zu uns kommen und uns aufwecken.
Ich schreibe dieses Buch für Kai und für alle Behinderten, um ein wenig zu dieser Begegnung beizutragen.

Hartmut Gagelmann

Ahnungen

Berlin 37, Riemeisterstr. 107. Meine erste eigene Adresse. Es ist ein Ausnahme-Sommer: wochenlang blauer Himmel, wochenlang Sonne. Ich studiere Musik. Zu diesem Zweck mache ich ab und zu einen Abstecher in die Hochschule. Aber meistens liege ich an der Krummen Lanke in der Sonne. Lesen, Träumen, Schwimmen. Schwimmen ist hier verboten. Wahrscheinlich herrscht deswegen immer Hochbetrieb. Nur nachts, manchmal, bin ich allein. Dann schwimme ich splitternackt ein Stück weit hinaus, drehe mich auf den Rücken, lasse mich treiben. In den Augen nur das Funkeln der Sterne und den dunklen Rahmen der Kiefernwipfel.
Nachher sitze ich vor dem kleinen Lokal bei der U-Bahn-Station, das witzigerweise «Eierkuchen» heißt. Die Linden verströmen ihren letzten Duft und lassen ihre kleinen Segler herunterwirbeln, die schnell und schneller sich drehend über Tische und Bänke fallen. Ich trinke Berliner Weiße mit Schuß und lese Thomas Mann, lese Goethe, lese Hesse. Ab und zu schreibe ich ein Gedicht.
So hatte ich mir das Studium vorgestellt, es ist mein erstes Semester. Da reißt mich ein Brief aus meinen Träumen: am 1. Oktober muß ich meinen Ersatzdienst antreten. Also ist das vorerst mein letztes Semester. Weil ich nicht bereit war, Gewehre zu putzen, werde ich nun für 18 Monate alten Menschen oder Kindern die Hosen saubermachen. So unangenehm das werden würde, ich fand, daß so etwas sinnvoller ist. Das Schreiben des Bundesverwaltungsamtes nannte verschiedene Möglichkeiten: Krankenhäuser, Altenheime, Kinderheime und andere soziale Einrichtungen. Ich wollte in ein Kinderheim, und zwar zu behinderten Kindern.

Anfang Juli habe ich die Adresse: Brachenreuthe bei Überlingen am Bodensee. Ich packe zwei Bücherkisten und meinen Koffer, sage der Krummen Lanke, dem «Eierkuchen» und meiner Wirtin «adieu» und reise zu meinen Eltern in die Ferien. Aber da die Ferientage auch im Sommer die kürzesten Tage des Jahres sind, bin ich schon bald wieder unterwegs...

*

Auf den Wegen liegt gelb und rot das Laub. Ich stehe vor einem großen verwinkelten Haus. An der Veranda hängen reife Birnen im Spalier. Rundum Felder, Wiesen, Obstbäume. In der Ferne glänzt der Bodensee.
Brachenreuthe. Ich bin eben angekommen und habe den Koffer noch in der Hand. Über den Kiesweg torkelt mir ein Kind entgegen, fuchtelt wild mit den Armen, fällt hin. Es weint nicht, es steht wieder auf und torkelt weiter. Vor der Haustür sitzt ein kleines dickes Mädchen im Rollstuhl und schielt. Ich weiß nicht, ob es mich überhaupt sieht, ob ich guten Tag sagen soll. Aus dem Haus kommt jetzt eine Frau und begrüßt mich freundlich. Es ist Adelheid Peters, die Hausmutter. An der Hand hat sie ein Mädchen, das sich auf die Lippen beißt und an mir vorbeischaut. Irgendwohin, weit weg, wo der Blick nicht mehr an Gegenstände stößt. Das Mädchen hat blutige Flecken im Gesicht.
Frau Peters zeigt mir mein kleines Zimmer oben unter dem Dach. «Packen Sie in Ruhe aus», sagt sie, «das Badezimmer ist vorne rechts an der Treppe. Wenn Sie runterkommen, stelle ich Ihnen Ihre Kinder vor.» Also packe ich aus. Als ich wieder nach unten komme, steht sie in der Eingangshalle. Sie lacht mir entgegen und sagt: «Wenn es Ihnen recht ist, sagen wir Du, wir sagen hier alle Du – das ist einfacher.» Wir schütteln uns noch einmal die Hand. «Und das ist Adolf», fährt sie fort. Aus dem Eßzimmer kommt an zwei Krücken ein blasser blonder Junge. Er lehnt sich gegen die Wand, stellt eine Krücke weg und gibt mir höflich die Hand. «Wie lange bleibst Du?» fragt er. «Oh,

sehr lange... Wo sind denn die andern?» – «Draußen.» Wir gehen hinaus, und ich begrüße die kleine dicke Carola im Rollstuhl. Sie ist das einzige Mädchen in meiner Gruppe. Während ich ihre Hand nehme, hebt sie den Kopf und schaut mich an. Ich habe das Gefühl, daß sie auf beiden Seiten an mir vorbeischielt. Der kleine Junge von vorhin sitzt jetzt zehn Meter weiter auf der Erde und spielt mit Kieselsteinen.
«Arnd ist spastisch und taubstumm», erklärt mir Adelheid, «aber er ist wahrscheinlich unser intelligentestes Kind.» Und sie fügt hinzu: «Du wirst sehen, was für schöne Bilder er malt.» Arnd rappelt sich auf und versucht mit fahrigen Bewegungen, mir die Hand zu geben. Dabei strahlt er über das ganze Gesicht. Er ist eigentlich ein hübscher Junge. Wir gehen an einer großen Buche vorbei um das Haus und finden bei der Garage Hubert und Klaus. Hubert hat einen Klumpfuß, den er nachzieht. Er rennt uns entgegen und stottert ganz aufgeregt: «Ist da-da-das Ha-ha-hatmut?» Und gleich hat er noch eine Frage: «Wa-wan-wann ha-ha-hast du Ge-ge-burtstag?» Ich sage es ihm. Adelheid lacht: «Hubert fragt jeden nach seinem Geburtstag, und das Schönste: daß er keinen einzigen wieder vergißt. Er weiß bestimmt von über hundert Leuten, wann sie Geburtstag haben. Leider», setzt sie leise hinzu, «ist das so ziemlich das einzige, was er weiß.»
Inzwischen ist Klaus herbeigekommen. Er ist ein ganz zarter Junge mit großen verträumten Augen. Sie sind so schwarz wie sein glattes Haar. Ununterbrochen schiebt er die Zunge gegen die Zähne. Er kann nicht sprechen.
Das also sind «meine» Kinder. Alle acht bis zehn Jahre alt. Mir ist ganz komisch zumute. Innerhalb von einer halben Stunde habe ich fünf Kinder bekommen, fünf auf einmal. Und alle fünf sind behindert. Ich frage mich heimlich, ob ich selber so problemlos bin, daß ich mit diesem Problem so ohne weiteres fertig werden kann.

*

Beim Abendessen lerne ich die anderen kennen. Sigrid, das kleine Conterganmädchen, das nur ein Bein hat, und Martina, das scheue Mädchen mit dem zerkratzten Gesicht. Nachts schaukelt sie in ihrem Bett vor und zurück und schlägt ihren Kopf an die Wand, bis sie vor Erschöpfung einschläft. Dabei kratzt sie sich regelrechte Löcher ins Gesicht und in die Brust. Meistens wird sie im Bett angebunden. Es gibt aber auch Phasen, wo sie nicht angebunden werden muß. Irgendwann jedoch bricht es wieder über sie herein, und wenn man das regelmäßige Schlagen aus dem Kinderzimmer hört, dann ist es meistens schon zu spät.
Mir genau gegenüber sitzt Michael, der von seinem Vater nichts als die Syphilis geerbt hat, in einem Holzstuhl. Er ist acht Jahre alt, aber er hat die Größe eines Vierjährigen. Seine Arme und Hände sind ganz dünn. Seine Beine kann ich nicht sehen, eine Wolldecke liegt darüber. Sein Gesicht ist bleich, der Unterkiefer hängt herunter, Speichel tropft ihm auf die Brust. Er hat fast keine Zähne mehr. Rosemary, eine rothaarige Engländerin mit Sommersprossen, füttert ihn. Der Brei, den sie ihm mit dem Löffel in den Mund schiebt, läuft zum Teil aus den Mundwinkeln wieder heraus. Ich schaue weg, ich schaue auf meinen Teller. Ich kann nichts essen. Das Würgen im Hals wird immer schlimmer, und ich merke, daß ich jeden Augenblick erbrechen muß. Wenn ich nicht bald hier aufstehen kann, passiert es. Aber ich muß Carola füttern. Sie sagt dauernd «Baba» und sabbert.
Endlich ist das Abendessen vorbei, und ich bin erleichtert, daß ich jetzt die Kinder zu Bett bringen kann. Die Jungen sind eigentlich ziemlich selbständig. Adolf und Klaus brauchen Hilfe beim Ausziehen. Hubert hilft Klaus, ich helfe Adolf. Waschen können sie sich allein, wenn es auch eine kleine Überschwemmung im Badezimmer gibt.
Ich hebe Carola aus dem Rollstuhl. Sie hat die Hosen voll. Das Würgen im Hals ist wieder da. Sie schielt mich an und sagt «Baba». Ich renne raus. Im Flur schlucke ich dreimal; reiß dich zusammen, das bißchen Gestank wird dich nicht umbringen. Aber es bringt mich fast um. Ich beiße die Zähne zusammen und wasche Carola. Zwischendurch stehe ich lange am Wasch-

becken und lasse das Wasser laufen, bis das Würgen nachläßt. Abtrocknen; Puder, Windeln, dann trage ich Carola ins Bett. Ich wußte gar nicht, wie schwer kleine Mädchen sein können. Aber ich wußte auch nicht, wie schwer kleine Mädchen es haben können. Ich streichle ihr über die Stirn und denke: Für dich ist das sicher auch kein Vergnügen. Sie schaut an mir vorbei. Oder schaut sie mich an? Sie wird schon wissen, daß ich da bin. Ich gehe von Bett zu Bett. Hubert fragt mich, wann meine Mutter Geburtstag hat. Ich sage es ihm und hoffe, daß er mich im nächsten September rechtzeitig daran erinnern wird.
Klaus greift nach meiner Hand und hält sie einen Augenblick lang fest. Seine Zunge arbeitet, aber seine Augen sind ganz still. Ich habe das Gefühl, daß er mir viel zu sagen hat, aber er kann nicht sprechen. – Adolf will noch reden, er erzählt von seinem Vater. Was der ihm alles geschenkt hat, wieviel er ihm noch schenken wird. Ich weiß, daß Adolf keinen Vater hat, aber ich merke, wie sehr er einen Vater braucht. Und ich lasse ihm diesen Vater und höre ihm zu.
Dann gehe ich zu Arnd. Er strahlt wieder über das ganze Gesicht, er ist glücklich. Und er streckt seine fahrigen Hände aus, um mich zu umarmen. Dann lacht er und wirft sich aufs Kissen zurück. Über seinem Lachen lösche ich das Licht, sage in die Dunkelheit hinein noch einmal Gute Nacht. Nur Adolf antwortet, dann schließe ich die Tür.
In den dunklen Flur fällt Licht aus dem Badezimmer. Der Tag ist noch nicht zu Ende. Spurenbeseitigung: ein Waschlappen auf der Erde, Zahnpasta in den Waschbecken, Carolas Windeln im Topf. Mechanisch räume ich auf, putze, trockne den Boden. Ich ahne jetzt, was Tag für Tag auf mich zukommen wird.
Auf der Treppe treffe ich Adelheid. «Komm, reden wir noch ein bißchen.» Ich folge ihr ins Eßzimmer. «Weißt Du», sagt sie, «das geht ganz schnell. Nur die ersten Tage sind etwas schwierig.» Ich nicke, ohne es recht zu glauben. «Und unsere Kinder», fährt sie fort, «sind auch keine wirklichen Problemfälle wie Kai oder so.» – «Wer ist Kai?» frage ich. «Ein Kind», sagt sie. Nichts weiter als: ein Kind.

Ich erzähle ein bißchen von mir, von meinen Eltern, von Berlin. Dann sagen wir uns Gute Nacht. Ich nehme meine Jacke und gehe hinaus. Es ist kalt, die Sterne stehen klar in der Nacht. Am Bauernhof vorbei laufe ich den Weg hinunter. Alles ist dunkel, nur ganz in der Ferne glimmen ein paar Lichter.
Durch meine Gedanken gehen Kinder hindurch wie Fackeln, brennen sich fest, verlöschen wieder. Ein Bild bleibt: das Syphilitikerkind Michael. Der Ekel kommt wieder und mit ihm ein einziger, heißer Wunsch: alles will ich tun, alles, aber bitte zwingt mich nicht, dieses Kind zu füttern. Carolas Windeln schaffe ich vielleicht noch, aber das, das schaffe ich nie.
In mir steigt eine dunkle Gewißheit auf: irgend etwas würde ich bei diesen Kindern lassen müssen, meine Nerven, meine Gesundheit, meinen Glauben an das Leben. In dieser Nacht konnte ich noch nicht wissen, daß es mein Herz sein würde.

*

Morgenstund hat Gold im Mund – und Carola hat die Hosen voll. Das ganze Bett ist dreckig, alles ist schon angetrocknet. «Na, da hätten wir uns die Windeln ja sparen können.» – «Baba», lallt Carola und hält mir ihre braunen Finger unter die Nase. Ich finde das zwar nicht gerade schön, aber es freut mich doch, denn es ist das erste Zeichen von Carola, die erste Geste, mit der sie zeigt, daß sie mich wahrnimmt. Ich nehme ihre dreckigen Hände in meine – was macht es, ich werde doch nicht darum herumkommen, spätestens beim Waschen muß ich sie ja anfassen. «Das sollten wir uns aber bald abgewöhnen», sage ich möglichst streng und suche ihre Augen. Irgendwo entdecke ich in dem schielenden Blick für Sekunden das Kind Carola, verstehe plötzlich, warum sie ihre Hände so schmutzig gemacht hat, ihre Hände, die sie selber nicht waschen kann. Wahrscheinlich hat sie versucht, das Zeug aus ihrer Hose zu beseitigen.
Adolf schleppt sich ohne Krücken zur Tür, indem er sich an den Betten festhält. «Das macht sie aber nicht jeden Tag», meint er vorwurfsvoll. «Na», antworte ich, «dann können wir ja noch

Hoffnung haben, komm Carola.» Ich nehme sie auf den Arm und trage sie ins Badezimmer. Hubert und Klaus sind mit dem Waschen schon fertig – jedenfalls behaupten sie das. Ich habe jetzt keine Zeit, es nachzuprüfen. Im Moment hat Carola Wasser und Seife am nötigsten, und ich habe schließlich nur zwei Hände. Arnd fuchtelt mit einem triefenden Waschlappen in der Gegend herum. Ich vertraue darauf, daß er irgendwann sein Gesicht finden wird, bevor das ganze Badezimmer unter Wasser steht.

Nach einer Weile bin ich mit Carola allein, da höre ich den ersten Gong zum Frühstück. Also noch zehn Minuten. Aber ich habe Carola noch nicht einmal angezogen. Aus dem Kinderzimmer hole ich ihre Kleider und binde im Vorbeigehen Arnd die Schuhe zu. Mit Carolas Unterhemd geht es ganz gut, aber mit der Unterhose ist es schon schwieriger. Ich muß Carola mit einer Hand hochheben, um ihr mit der anderen die Hose hochzuziehen. Wir suchen noch verzweifelt im Pullover nach dem Weg in den linken Ärmel, da kommt schon der zweite Gong. Schnell die Strumpfhose, den Rock, dann hebe ich sie in den Rollstuhl. «Die Schuhe ziehen wir nach dem Frühstück an – wieso braucht ein Kind im Rollstuhl eigentlich Schuhe?» überlege ich kurz. «Wieso nicht», antwortet wortlos Carola, indem sie mir ihr rechtes Bein entgegenstreckt. Also gut, so lange dauert das ja nicht.

Als wir ins Eßzimmer kommen, sitzen schon alle bei Tisch. Meine Buben sind nicht gekämmt, Adolf hat noch die Hose offen, und Arnd hat seinen Pullover links herum an. «Ist doch vorbildlich», grinse ich zu Adelheid hinüber. Sie lacht. «Wir reden nachher mal über Carola», meint sie. Während ich für Carola ein Marmeladenbrot schmiere, sehe ich zu Michael hinüber. Er schaut Rosemary an, seine Augen strahlen. Rosemary redet mit ihm, während sie ihn mit Haferschleim füttert; er lacht.

Neben mir zuckt Arnd mit dem Messer kreuz und quer durch die Luft. Irgendwo auf dem Tisch steht die Butter, und Arnds Arm scheint alle Wege, die zu dieser Butter führen könnten, auf einmal auszuprobieren. Ich schaue fragend auf Adelheid – soll ich ihm helfen? «Laß nur, der schmiert sein Brot besser als alle andern», sagt sie. Arnd ist angekommen. Sein Arm hat aufgehört zu zappeln, und mit ungeheurer Konzentration schneidet er eine Ecke von der Butter ab und transportiert sie auf seinen Teller. Alle seine Bewegungen begleitet er mit angestrengten Grimassen. «Arnd hat einen enorm starken Willen», bemerkt Adelheid, «du wirst sehen, der schmeißt nie etwas um oder runter.» Arnd ist inzwischen unterwegs in Richtung Marmelade; ich wage kaum, an Adelheids Worte zu glauben, aber er schafft es.

Nach dem Frühstück machen wir die «Feinarbeit». Ich kämme den Jungen die Haare, wasche Carolas Marmeladenschnute, die wieder «Baba» sagt, dann stecke ich ihre Bettwäsche in einen Eimer und lasse Wasser hineinlaufen. Adelheid lehnt an der Tür: «Carola hat ihren regelmäßigen Verdauungsrhythmus, genauso wie wir. Du mußt das nur rausfinden. Normalerweise macht sie so kurz nach elf ins Bett. Fang mal heute um zehn an und bring sie alle halbe Stunde aufs Klo. Nach drei, vier Tagen hast du's dann im Griff, dann reicht es, wenn du sie einmal so kurz vor elf auf den Topf setzt. Übrigens», fügt sie hinzu, «die Schule und die Therapiegruppen fangen ja erst Montag an, da könntet ihr heute morgen einen Spaziergang machen.» Spaziergang? Ich kann mir das nicht recht vorstellen, denn die einzigen, die wirklich laufen können, sind Hubert und Klaus. Aber wenn Adelheid meint...

Ich schiebe Carolas Rollstuhl vors Haus. Klaus und Adolf sind noch dabei, ihre Betten zu machen. Wenn sie das Laken an der einen Ecke glattziehen wollen, reißen sie es am anderen Ende wieder raus. Ich muß lachen und helfe ihnen. Nur Arnd ist komischerweise schon fertig. Das Kopfkissen liegt ganz gerade, und die Bettdecke ist einmal sauber gefaltet. Er steht am Bett und lacht, ganz stolz zeigt er auf sein Werk, dann kommt er herübergetorkelt, hält sich mit einer Hand an meinem Arm fest und nimmt mir mit der anderen Adolfs Kopfkissen weg. Adolf schaut zu, wie Arnd sein Bett macht und sagt: «Wenn ich nicht

immer umfallen würde, dann könnte ich das genausogut.» Ich sehe, daß er ein bißchen gekränkt ist und versuche, ihn abzulenken: «Hol schon mal deine Krücken, wir gehen gleich spazieren.»
Inzwischen sind alle Betten gemacht, und wir ziehen die Anoraks an. Die Sonne gaukelt uns zwar einen warmen Herbsttag vor, aber die Luft ist doch schon merklich kühler an diesem Oktobermorgen. Klaus hält sich am Rollstuhl fest, er braucht es nicht, aber er braucht offenbar meine Nähe. Immer wieder fühle ich seinen Blick auf mir, seine Zunge arbeitet, er versucht, mit mir zu reden. Es ist ein Gespräch ohne Worte, ein Dialog mit den Augen. Klaus sagt mir, daß er mich gern hat.
Adolf, der selbst mit seinen Krücken Mühe hat, voranzukommen, unterbricht uns: «Warst du schon mal in Föhrenbühl?» – «Nein, was ist das?» – «Das ist auch ein Heim, aber man kommt nur mit dem Auto hin.» Ich schaue zurück. Zehn Meter hinter uns sitzt Arnd auf der Erde. In der Hand hat er ein feuerrotes gezacktes Blatt. Sofort ziehe ich die Bremse von Carolas Rollstuhl fest und laufe zurück, will Arnd beim Aufstehen helfen. Aber er will nicht aufstehen. «Komm», ruft Adolf, «der kommt von ganz alleine.» Ich zweifle etwas, aber schließlich kennt er Arnd länger als ich. Nach ein paar Metern drehe ich mich um. Richtig: Arnd hat uns fast eingeholt. Wild fährt das feuerrote Blatt durch die Luft, und plumps, da sitzt Arnd wieder auf der Erde. Er lacht dabei, legt das Blatt neben sich, krabbelt ein Stück weiter, sammelt zwei andere Blätter auf und legt sie zu dem roten. Dann rappelt er sich hoch. Wir warten, bis er bei uns ist, dann gehen wir langsam weiter. Es wird ein Schneckenspaziergang. Nur Hubert ist ein schönes Stück vorausgelaufen und winkt manchmal zurück. Wo der geschotterte Weg auf die Asphaltstraße mündet, kehren wir um. Es geht jetzt bergauf. «Wenn man nach Hause geht, geht's immer schneller», meint Adolf. Er schwitzt ein bißchen, aber er hält sich wacker neben mir. Ab und zu verschnaufen wir und warten auf Arnd. Er hat inzwischen einen großen Strauß von bunten Blättern und Gräsern in der Hand. Zu Hause stellt er sie in eine runde, braune

Vase. Jedes Blatt einzeln, jeden Halm einzeln. Und so erzählt er noch einmal seine Geschichte von einem Spaziergang. Beim roten Blatt ist er das erstemal hingefallen, bei den beiden braunen das zweitemal. Und so geht die Geschichte weiter, Blatt für Blatt und Halm für Halm: hingefallen – und jedesmal wieder aufgestanden.

*

Nach der Mittagspause setzt sich Adolf an den Tisch und schreibt aus einem Bilderbuch die Wörter ab. Schön sauber, Buchstaben für Buchstaben, zeichnet er sie auf ein Blatt Papier. Ich frage ihn, wie die einzelnen Buchstaben heißen. Er kennt sie alle, aber lesen kann er kein einziges Wort. Von einem Buchstaben zum anderen gibt es für ihn keine Verbindung. «L-a-m-m»: ich zeige ihm das L, das a, die beiden m, spreche langsam dazu, dann schneller. Er fährt mit dem Finger über das Wort und sagt «Lamm».
Arnd zeigt lachend auf seinen Herbststrauß, der auf dem Tisch steht. Dann zieht er mich an der Hand zum Schrank, ich soll ihm Papier und Wachskreiden geben. Eilig läuft er damit zum Tisch und setzt sich Adolf gegenüber. Genau wie beim Essen fährt sein Arm ruckartig durch die Luft, zuckend nähert sich der gelbe Stift dem weißen Blatt, setzt auf, die Hand zieht ruhig einen Bogen. Fast kreisrund erscheint eine kleine gelbe Sonne. Sie bekommt einen kurzen grünen Stiel. Arnd greift auf vielen Umwegen nach der roten Kreide, führt sie genauso fuchtelnd aufs Papier, dann ist der Arm wieder ruhig. Fünf flammende Spitzen schließen sich zu einem großen Blatt zusammen, eine kleine rote Zunge legt sich über die Sonne. Arnd klatscht in die Hände – selbst das ist nicht so einfach –, dann greift er nach dem nächsten Stift.
«Ich möchte einen Brief schreiben», sagt Adolf. «An meinen Vater.» Ich schiebe ihm ein anderes Blatt Papier hin, zeige nochmal auf das Wort «Lamm», aber Adolf bringt es nicht mehr zusammen. «Wie schreibt man ‹Lieber›?» fragt er mich. Ich diktiere ihm die Buchstaben. «Lieber Vati.» – «Und jetzt?»

fragt Adolf und schaut mich groß an. «Ja, was willst du ihm denn schreiben?» Er überlegt einen Moment, hält den Kopf etwas schief. «Mir geht es gut.» Bei «geht» vergißt er das h, dann weiß er nicht weiter. Der Brief ist fertig. «Dein Adolf.» – «Lies nochmal vor», fordere ich ihn auf. Er liest, aber er schaut dabei nicht auf das Blatt, sondern in mein Gesicht. «Schickst du ihn ab?» – «Ja – wo wohnt denn dein Vater?» Die Antwort ist einleuchtend: «Zu Hause.» Ich frage nicht weiter, falte das Blatt zusammen. Auf die Rückseite schreibe ich mit großen Buchstaben: An meinen Vater – zu Hause. Adolf ist zufrieden: «Er freut sich bestimmt, und dann holt er mich ab, und dann fahren wir mit dem Auto irgendwohin.» – «Ja, bestimmt», versichere ich, «aber du mußt Geduld haben, die Post braucht manchmal ziemlich lange.» Ich stecke den Brief in meine Hosentasche, er ist angekommen.
Arnd hat inzwischen ein paar braune Blätter gemalt und ein grünes. Mitten in dem Braun leuchtet die kleine Sonne unter dem dunkelroten Blatt hervor. Eigentlich ist das Bild viel schöner geworden als der Strauß. Arnd schiebt das Blatt von sich weg und fängt an, die Kreiden in die Schachtel zu packen. Das Bild ist fertig. Wir können zufrieden sein, denn wir haben eine Menge geschafft an diesem Nachmittag: Wir haben einen wichtigen Brief geschrieben, und wir haben ein sehr schönes Bild gemalt.

*

Jeden Abend, wenn die Arbeit auf dem Hof gemacht ist, fährt der Bauer in die anderen Kinderheime und bringt ihnen frische Milch. Manchmal fahre ich mit ihm und helfe ihm beim Ausladen der Kannen.
Aus irgendeinem Grund konnte er heute nicht fahren. Ich selber habe noch keinen Führerschein. Wir telefonieren an die anderen Häuser, daß die Milch abgeholt werden muß. Von Föhrenbühl kommt Jürgen Hauser. Er schaut noch auf einen Sprung herein. Sein Gesicht ist ziemlich zerkratzt. «Hast du Katzen?» frage ich.

«Nein», sagt er, «aber Kai.» – «Was ist mit ihm?» – «Mongoloid», sagt Jürgen. «Und?» Er zuckt die Achseln. «Weiß nicht.»

*

Tränen – sie sind das Reisegepäck, mit dem die meisten Kinder hier ankommen. Es ist ganz gleich, ob sie aus einem schönen oder aus einem schrecklichen Zuhause kommen – oder aus gar keinem. Der Weg ins Heim bleibt immer ein tiefer Schnitt in ihr ohnehin verstörtes Leben. Mit jedem neuen Kind kommt eine neue Wunde ins Haus, die geheilt werden muß. Und wenn sie wieder gehen, ist es eigentlich auch nicht anders. Dann fließen wieder Tränen.
Ich habe heute morgen Carolas Bett abgezogen, das Laken war wieder schmutzig, und das Kopfkissen war ein bißchen naß von Tränen. Und dann ist Carola abgeholt worden. In ein anderes Heim, zu anderen Kindern und anderen Betreuern. Kaum zwei Stunden ist sie fort, und schon ist Stefan angekommen. Heimplätze für behinderte Kinder sind heute schon neu besetzt, lange bevor sie überhaupt frei werden. Ich hatte gerade Zeit, das Bett frisch zu beziehen. Aber Stefan will nicht dableiben. Er umklammert mit Armen und Beinen seine Mutter und weint um sein Leben. Er hat ja so recht. Leider ist seine Mutter genauso hilflos wie er. Sie hat nicht die Kraft, den Abschied zu verkürzen. Ade zu sagen, zu gehen. Wie gut wäre jetzt die Unerbittlichkeit eines Bahnhofs, ein greller Pfiff, anrollende Räder und dann der Riß zwischen den Blicken. Aber niemand pfeift, Stefan weint, und auch seine Mutter ist den Tränen nahe. Ein Kind wegzugeben ist immer schwer, auch oder vielleicht gerade, wenn es ein behindertes ist. Zum Glück greift Adelheid ein: «Frau Weiß, Sie müssen jetzt gehen. Sie machen es dem Buben nur unnötig schwer.» Und Frau Weiß geht. Zurück bleibt Stefan. Unter den überlangen Wimpern tropfen die Tränen hervor und purzeln auf seinen Bauch. Stefan ist nicht dick, aber er hat einen ungeheuer aufgeblähten Leib. Ich nehme ihn an der Hand: «Komm, ich zeige dir die Spielsachen.» Auf Zehenspitzen

folgt er mir. Er läuft ganz graziös, das paßt gar nicht zu seinem dicken Bauch. An der Tür schlägt er die Augen auf. Aber aus diesen großen und schönen Augen, die von Graublau bis Graugrün schimmern, kommt kein Blick. Es ist der Traum einer schlafenden Tierseele. Verhangen, abwesend. Ich weiß, daß hier eine Seele mit Medikamenten erschlagen wird. Stefan steht unter starken Mitteln, die seine epileptischen Anfälle verhindern sollen. Sie verhindern zugleich sein Bewußtsein, das heißt sein Leben. Gibt es dazwischen überhaupt einen Weg? Wir werden es ausprobieren.

Auf Anweisung des Arztes werden die Medikamente auf eine minimale Dosis herabgesetzt. Der erste epileptische Anfall kommt beim Mittagessen. Stefans Blick wird plötzlich noch abwesender, er sieht aus wie ein Mensch, der sich vor Müdigkeit nicht mehr aufrecht halten kann. Und da fährt auch schon dieser furchtbare Krampf in seinen Körper. Seine Arme zucken, gleich wird er vom Stuhl fallen. Wie der Blitz steht Rosemary hinter ihm. Sie greift nach seinen auffahrenden Händen, drückt sie ihm an die Brust und ruft laut seinen Namen: «Stefan, Stefan!» Ein Augenblick noch, dann ist es vorüber. Stefan schaut verwundert um sich, mit weit geöffneten, jetzt ganz wachen Augen. «Wat it denn?» fragt er laut. «Nichts ist, Stefan», und wir bringen ihn ins Bett. In Carolas Bett. Noch einmal schaut er mich an, ganz wach. Dann senken sich seine Lider mit den so langen Wimpern, und der Glanz in seinen Augen weicht wieder dem großen Traum. Fünf Minuten später schnarcht er wie ein Holzfäller. Ich stehe an seinem Bett und schaue ihn an. Da liegt ein kleiner, dicker Bär, der noch nicht weiß, daß er ein Mensch ist. Hoffentlich werde ich genug Liebe haben, um ihn das eines Tages wissen zu lassen.

*

Es war sicher dumm von mir, in den Apfelbaum zu klettern. Auf der Wiese unterhalb des Bauernhofes sind die Bäume halt sehr niedrig, und man kommt mühelos hinauf. Das hatte mich gereizt. Aber nachdem ich es vorgemacht habe, sind die Kinder ganz besessen. Vor allem Stefan und Arnd wollen unbedingt hinauf. «Daum tlettere i», schreit Stefan ununterbrochen. Ich bemerke jetzt, daß er nur wenige Konsonanten richtig aussprechen kann. Arnd, der überhaupt nicht sprechen kann, kreischt laut und fuchtelt mit den Armen. Da ich zu Abenteuern bereit bin, zeige ich Arnd, daß er seine Arme um meinen Hals legen soll. Er tut es, und mit diesem Gepäckstück an meiner Brust klettere ich ein zweites Mal in die Krone des Apfelbaumes. Arnd ist selig – zu selig. Denn unter seinem glücklichen Lachen läßt er meinen Hals los, löst seine Arme, so, als säßen wir beide gemütlich auf sicherer Erde. Eigentlich brauche ich beide Hände, um mich im Baum festzuhalten. Aber automatisch greife ich mit der linken Hand nach Arnd. Wir kippen ein Stück zur Seite, und ich fühle, wie die Muskeln in meinem Arm vor Anspannung vibrieren. Jetzt hängen wir da, Arnd lachend, entspannt und schlaff – er macht überhaupt keinen Versuch, sich festzuhalten. Und ich bin völlig verkrampft. Lasse ich links los, fällt Arnd vom Baum, lasse ich rechts los, fallen wir beide runter. Ich habe das Gefühl, daß Arnd mehrere Zentner wiegt. Und diese Zentner hören einfach nicht auf zu lachen. Ich schreie ihn an, aber er hört es ja nicht. Panik überfällt mich. Wenn er sich nicht gleich festhält, wird dieser kleine Ausflug nach oben womöglich noch sehr böse enden.

Auf einmal schlingt das lachende Kerlchen seine Arme wieder um meinen Hals – nicht um sich festzuhalten – er will mir nur zeigen, wie glücklich er ist. Vor Angst schwitzend klettere ich mit meinem Glückspilz nach unten. Dort lasse ich mich erschöpft ins Gras fallen. Arnd lacht noch immer, er weiß gar nicht, in welcher Gefahr wir geschwebt haben. Als ich nach einer Weile aufstehe, zittern meine Knie. Ich nehme mir vor, mit Experimenten in Zukunft etwas vorsichtiger zu sein. Aber schon nach wenigen Tagen habe ich diesen Vorsatz vergessen und schlittere mit den Kindern in das nächste Abenteuer.

*

Als Neuling meint man immer, man müsse Neuerungen einführen. Und genau das passiert mir natürlich auch. Mich stört auf einmal, daß es hier im Heim so schön ist. Wir leben fern von der Welt zwischen Wiesen und Obstbäumen. Unsere einzigen Probleme sind die mit den Kindern. Das sogenannte normale Leben mit seinen Problemen bleibt draußen. Bis zum nächsten Dorf sind es gut zwei Kilometer, und Überlingen als nächste Stadt ist sogar vier Kilometer entfernt. Gut – die Probleme mit den Kindern sind mehr als genug. Aber das darf nicht genug sein, denn Behinderte gibt es nur da, wo andere sind, die ihnen diesen Namen geben. Doch diese anderen sind weit weg. Ich erlebe unser Heim als Ghetto: wir schützen die Kinder vor den Härten des normalen Lebens, und gleichzeitig schützen wir die «Normalen» vor uns. Irgendwie paßt mir das nicht, und ich rede mit Adelheid. Ich möchte für einen Nachmittag mit meinen Kindern nach Überlingen fahren. An der überfüllten Seepromenade entlanglaufen. In ein Café gehen. Schaufenster ansehen. Adelheid ist einverstanden, und am Samstag wird meine «Neuerung» Wirklichkeit.
Nach der Mittagspause bringt uns Herbert mit dem Auto nach Überlingen. Der Himmel sieht zwar bedenklich nach Regen aus, aber das stört uns nicht. Bei einem Stadtbummel kann man sich schließlich leichter irgendwo unterstellen als bei einem Waldspaziergang. Herbert wünscht uns viel Glück. «Bis um fünf», mahnt er noch, «wieder hier am Parkplatz.» Und dann marschieren wir los. Adolf mit seinen Krücken gibt das Tempo an. Es ist genau das Tempo der drei älteren Damen, die hinter uns auf der Strandpromenade gehen. Als Arnd in seiner virtuosen Art hinfällt, höre ich hinter mir eine Stimme «Schrecklich!» sagen. Mir liegt das Wort «Wieso?» auf der Zunge, aber im selben Augenblick überfällt uns ein ganz anderes Problem. Große, schwere Tropfen zerplatzen auf der Erde, in wenigen Sekunden wird ein Sturzbach vom Himmel schießen. Ich packe Arnd unter den Achseln, rufe den anderen zu: «Dort drüben!», und dann flüchten wir in das nächste Hotel. Gerade rechtzeitig, denn schon schließt sich hinter uns der rauschende Vorhang des

Regens. Ich schaue auf meine keuchenden Jungen. Sie sind ganz schön gerannt, Adolf mit seinen Krücken, Stefan mit seinem dicken Bauch und Arnd mit seinen Beinen, die so weit weg von seinem Gehirn zu sein scheinen. «Erster», stottert Hubert und lacht die drei Damen an, die jetzt auch in die Halle gestürzt kommen. Dann starren wir hinaus in den Regen. Niemand sagt etwas, auch nicht die Damen, die nun neben uns stehen. Nur unser unruhiger Atem schlägt gegen die Scheibe.
Der Regen hört so schnell auf, wie er gekommen ist, und wir können unseren kaum begonnenen Spaziergang fortsetzen. Er führt nicht sehr weit. Nach etwa zwanzig Metern hört der Asphalt auf, und Holzbohlen überbrücken einen Zufluß, der von den Häusern in den See führt. Auf dem nassen Holz rutschen Adolf beide Krücken weg, er fällt vornüber, die rechte Krücke schießt wie ein Pfeil durch das Gitter an der Seeseite. Weg. Zwei oder drei Meter unter uns liegt Adolfs wichtigstes Werkzeug im trüben, aufgewühlten Wasser. Aus dem Spaziergang ist unversehens eine Angelpartie geworden. Wir müssen die Krücke wiederhaben. Das ist jetzt mein einziger Gedanke. Ohne sie können wir unmöglich nach Hause kommen. Ich glaube, daß ich im schlimmsten Falle ins Wasser springen und tauchen würde. Aber zuerst einmal will ich es mit Angeln versuchen. Die Kinder sind ein bißchen aufgeregt. Ich sage ihnen, daß sie warten sollen, und renne in eines der Hotels. Ein dicker Kellner hat Verständnis für meinen Kummer, und nach einer Weile erscheint er mit einer Rolle Draht. «Ich bring's gleich zurück», seufze ich erleichtert.
Aus «gleich» wird fast eine Stunde. Ich habe den Draht aufgerollt und vorne eine Schlaufe gemacht. Aber immer wenn ich ihn ins Wasser tauche, bekommt er durch die Brechung einen Knick und wandert an der Krücke vorbei. Ich kriege die Schlaufe einfach nicht über die gebogene Armstütze. Die Kinder haben sich auf die nasse, niedrige Mauer vor dem Hotel gesetzt und schauen mir beim Angeln zu. Nur Adolf klammert sich neben mir ans Geländer und verfolgt aufmerksam den Draht. Mir fallen Anglerwitze ein, in denen dann immer ein Schuh oder ein

Rad oder sonstwas aus dem Wasser kommt. Ich wäre jetzt froh, wenn eine Krücke aus dem Wasser käme. Aber die kommt nicht. Statt dessen kommt plötzlich eine junge Dame auf mich zu. Ich traue meinen Augen nicht, es ist Frau Drößler, meine Deutschlehrerin, die ich so sehr bewundert, fast geliebt habe. Ein überraschendes Wiedersehen – nach über fünf Jahren. «Was machen Sie denn hier?» – «Ich angle, und wie kommen Sie hierher?» – «Ich mache eine Kur.» Es ist grotesk, aber es ist wahr: Ich stehe mit meiner ehemaligen Deutschlehrerin am Ufer des Bodensees, und wir angeln abwechselnd nach der Krücke eines behinderten Kindes. Frau Drößler schafft es. Nach zwei Minuten zieht sie langsam und vorsichtig die Krücke über die Brüstung. Mir fällt ein Stein vom Herzen. Eigentlich würde ich jetzt gerne noch eine halbe Stunde mit Frau Drößler plaudern, aber es ist spät. Herbert wartet längst am Parkplatz. Der Abschied wird so flüchtig wie das Wiedersehen. «Danke!» und «Ich schreibe mal.» Dann gehen wir auseinander.

Kurz vor dem Parkplatz kommt uns ein Betrunkener entgegengetorkelt. Ich ziehe Klaus zur Seite, um ihm auszuweichen. Zum erstenmal habe ich Angst vor einem Betrunkenen, wahrscheinlich wegen der Kinder. Aber der Mann wankt an uns vorbei, ohne uns zu bemerken. Es ist nichts geschehen. Da bleibt Adolf stehen und sagt mit großen, staunenden Augen: «Warum hat denn der keine Krücken?» Ich habe keine Antwort für Adolf. Ich weiß nur, daß dieser Mann sich seine Behinderung selbst angeschafft hat. Aber er empfindet es nicht als Behinderung. Sicherlich empfindet das niemand als Behinderung. «Komm weiter», sage ich etwas ärgerlich, «Herbert wartet.»

*

Eines Tages passiert das, wovor ich mich so gefürchtet hatte. Beim Abendessen. Rosemary, die schon den ganzen Nachmittag noch blasser ausgesehen hatte als sonst, legt Michaels Löffel hin und sagt: «Du, Hartmut, es geht mir wirklich dreckig, kannst du Michael füttern und dann ins Bett bringen?» Klar kann ich.

Das Würgen im Hals habe ich sowieso schon längst nicht mehr. Aber wer füttert Martina? Hubert und Adolf streiten sich darum. Ich entscheide für Hubert. Adolf hat die ganze Zeit geredet und hat mit seinem eigenen Essen noch genug zu tun. Wir tauschen die Plätze. Michaels Blick flackert, als Rosemary aus dem Zimmer geht. Um seine verklebten Mundwinkel zuckt es. Gleich werden die Tränen kommen. Ich muß ihn aufheitern. «So, jetzt schmeißen wir Männer mal den Laden. Paß auf, da schmeckt es gleich viel besser. Adolf, gib mir doch mal den Senf rüber.» Das weiß sogar Michael, daß Grießbrei mit Senf nicht das Wahre sein kann. Das Zucken hat aufgehört, seine Augen leuchten wie vorher. Ich beuge mich zu ihm und flüstere ihm ins Ohr: «Die Rosemary hat bestimmt in die Hose gemacht, aber du wirst sehen, morgen früh ist sie wieder sauber.» Jetzt muß er lachen, aus seiner Kehle kommt ein Gluckern. Ich wische ihm Speichel und Grießbrei vom Kinn. Vorsichtig schiebe ich den Löffel in seinen Mund, dann warte ich, bis er geschluckt hat. Also, das geht ja ganz gut. Besser als bei Hubert und Martina. Martina dreht dauernd den Kopf nach mir, und Hubert schmiert ihr den Grießbrei an die Backe. «Treffen müßte man können!» Es gibt viel zu lachen, ich muß nur immer aufpassen, daß Michael vorher geschluckt hat. Dann machen wir den Schlachtplan für den Abend. Ich werde zuerst Martina ins Bett bringen, die Jungen helfen sich wieder gegenseitig. «Michael, du mußt ein bißchen warten, vielleicht ist Sigrid so nett und singt dir solange was vor.» Sigrid ist begeistert. Kaum bin ich aufgestanden, da ist sie schon auf meinen Stuhl gerutscht und kräht aus vollem Halse «Guten Abend, gute Nacht...». «Nicht so laut», sage ich, «du weckst ihn ja.» – «Wieso?» unterbricht sie sich, «der schläft ja noch gar nicht!» Ich scheuche die Jungen nach oben und räume den Tisch ab. Alles läuft schnell und reibungslos. Sigrid ist inzwischen bei «Schlafe, mein Prinzchen, schlaf ein» angekommen, wieder mit einer Lautstärke, bei der sogar Arnd aufwachen würde. «Prima», lobe ich sie, und sie nimmt ihre Krücken und geht sich ausziehen.

Ich trage Michael nach oben und lege ihn im Badezimmer auf

den Wickeltisch. «So, Hosenscheißer, jetzt wollen wir mal sehen.» Aber es gibt nichts zu sehen. In der Windel ist nur ein kleiner brauner Fleck. «Ist das alles?» frage ich ihn und zeige ihm die Windel. «Na, du bist ja eine schöne Enttäuschung.» Ich ziehe ihn ganz aus. Die kleinen steifen Arme ziehe ich langsam in den Pullover rein, dann geht er leicht über den Kopf. In diesem Moment kommt das, was in der Windel gefehlt hat. Ich höre es und ich rieche es. Schnell lege ich eine Windel und Klopapier unter. «Fantastisch», sage ich, «zum erstenmal nicht in die Hose gemacht!» Aber seine Augen sind traurig, es tut ihm leid. «Das macht doch nichts», tröste ich ihn und lasse Wasser in die Wanne laufen. «Wir werden gleich eine kleine Seereise machen.» Der Po ist abgeputzt. Ich greife Michael unter die Achseln und lege ihn vorsichtig ins flache, warme Wasser. Mit dem linken Arm halte ich seinen Oberkörper und spritze ihm ein bißchen Wasser ins Gesicht. Er muß lachen. «Paß auf, Käpt'n, daß du nicht ertrinkst», sage ich und lasse ihn langsam tiefer rutschen. Aber er hat keine Angst. Ich wasche ihn, lege ihn auf das große Badetuch und wickle ihn ganz ein, damit er sich nicht erkältet. Zum Spaß decke ich sein Gesicht gleich mit zu. Während ich Windeln und Puder hole, halte ich ein Selbstgespräch: «Verdammt noch mal, wo habe ich bloß den Michael gelassen?» Ich schaue in die Wanne, schaue ins Waschbecken, schaue unter den Tisch. «Der Kerl wird mir doch nicht ausgebüxt sein?» Unter dem Handtuch hebt sich ein Arm. Ich schlage es zurück, da liegt er und lacht über das ganze Gesicht. In seiner Kehle gluckst es wieder. «Na, Gott sei Dank, ich dachte schon, du bist abgehauen. Weißt du, wie man aus einem Neger einen Weißen macht?» frage ich ihn. «Man putzt ihm das Braune vom Po und schmiert Puder drauf.» Ich zeige ihm den weißen Puder in meiner Hand. Pudern, windeln und jetzt den Schlafanzug. Ich trage ihn ins Bett. Es hat ihm genauso Spaß gemacht wie mir. «Und denk ja nicht, daß du heute abend noch ausgehen kannst, bloß weil Rosemary nicht da ist. Von wegen in die Kneipe gehen und Bier trinken. Du bleibst schön hier... und schlaf gut, Hosenscheißer.»

Sigrid sitzt aufrecht im Bett. «Wenn du schön leise singst, dann darfst du dem Michael jetzt noch ein Gute-Nacht-Lied singen, aber wirklich ganz leise.» – «Der Mond ist aufgegangen.» Sie singt es ganz zart. So, als sollte es keiner hören, nur Michael.
Ich schließe die Tür und klopfe bei Rosemary an. «Geht's dir besser?» Sie liegt angezogen auf dem Bett. «Noch nicht», sagt sie, «aber morgen früh bin ich wieder da. Du weißt ja, wie das bei uns ist.» Ich nicke. «Gute Besserung..., und noch was: Darf ich morgen Michael wieder ins Bett bringen?»

*

Draußen regnet es. Die Kinder sitzen auf dem Teppich und spielen mit Bauklötzen. Obwohl Arnd die größten Schwierigkeiten hat, die Klötze richtig aufeinanderzusetzen, bringt er doch die höchsten Türme zustande. Stefan spielt Sabotage. Er baut so schnell wie möglich sechs, sieben Klötze übereinander, um sie dann mit Begeisterung wieder umzuschmeißen. Neben mir sitzt Sigrid. Sie schaut den anderen zu und singt leise vor sich hin. Plötzlich legt sie ihre kleine, verwachsene Hand auf meine. Drei Finger sind zusammengewachsen, die drei Mittelfinger. Leise fragt sie: «Du hast fünf Finger, warum habe ich nur drei?» Ich fühle, daß dies der Moment ist, wo ich es ihr beibringen kann. Sie weiß es noch nicht, aber in zwei Monaten wird sie nach Stuttgart in die Klinik kommen, und man wird ihre Hände operieren. Außerdem soll ihr Bein steif gemacht werden. Jetzt braucht sie noch zwei Prothesen, weil dieses eine Bein zu schwach ist.
Vorsichtig nehme ich ihre Hand und fahre mit dem Finger über die breite Knochenfläche der zusammengewachsenen Finger. «Du hast genauso fünf Finger wie ich», erkläre ich ihr. «Aber deine schlafen noch. Das ist wie bei kleinen Küken, man muß Geduld haben, bis sie aus dem Ei schlüpfen. Eines Tages werden wir deine Finger aufwecken.» – «Wann?» fragt Sigrid. Ich sage: «Bald.»
Zwei Tage später bereiten wir sie auf die Operation vor. Sie

freut sich darauf. Sie kann kaum den Tag erwarten, wo man sie nach Stuttgart in die Klinik bringen wird.

*

Nach drei Wochen muß ich ins Krankenhaus. Nicht etwa, weil ich krank wäre, es ist nur eine routinemäßige Untersuchung, die bei allen Zivildienstleistenden am Anfang und am Ende ihrer Dienstzeit durchgeführt wird. Ich habe das Gefühl, daß ich schon ein halbes Jahr hier bin, und finde die Untersuchung reichlich verspätet. In diesen ersten drei Wochen habe ich mich schon ziemlich verändert; aber diese Veränderung werden sie im Krankenhaus wohl kaum feststellen können. Also lasse ich meinen Blutdruck messen, lasse mich abklopfen und abhorchen. Zum Schluß schickt man mich ins Labor. Mit der Akte «Gagelmann – Wehrdienstverweigerer» in der Hand gehe ich in den Keller und suche die richtige Tür. Eine junge, blonde Laborantin – sie kann nur wenige Jahre älter sein als ich – empfängt mich mit der Frage, ob ich ihr Urin geben könne. Dabei stellt sie mir ein trichterförmiges Glas hin und geht hinaus.
Nach einer Weile kommt sie zurück. Blutproben. Ich schaue zu, wie sie die Nadel in meine Vene einführt, sehe, wie die Kanüle sich langsam und dunkel füllt. Früher habe ich bei so etwas immer weggeschaut, aber jetzt macht es mir nichts aus. Da ist die Stimme der Laborantin: «Sie machen Ersatzdienst?» Ich nikke. «Was machen Sie denn Schönes?» Und ich erzähle ihr, daß ich mit behinderten Kindern arbeite. «Das ist ja furchtbar», entfährt es ihr. «Wieso?» – «Also ich könnte das nie. Da wird man doch selber verrückt, wenn man ständig mit Bekloppten zu tun hat.» Ich widerspreche ihr und erzähle von Sigrid: «Sehen Sie, es gibt Kinder, die nur körperlich behindert sind, die aber im Kopf genauso normal sind wie jedes andere Kind. Manchmal sind sie sogar überdurchschnittlich intelligent. Wir haben zum Beispiel ein Conterganmädchen, die würde in jeder normalen Schule die Beste in der Klasse sein. Aber sie hat nur ein Bein. Und ihre Hände sind so verwachsen, daß sie niemals schreiben kann. Nur deswegen kann sie nicht auf eine normale Schule gehen.»

«Nur!» sagt die Laborantin bitter, während sie mir die Fingerkuppe aufritzt. «Wenn ich so ein Kind hätte, ich würde es sofort umbringen.» – «Was für ein Kind?» Aber sie geht nicht auf meine Frage ein. «Für diese Krüppel hat das Leben doch gar keinen Sinn. Die haben doch nichts, worauf sie sich freuen können.»
«Das ist nicht wahr», sage ich. «Die können sich manchmal mehr freuen und ehrlicher freuen als wir. Arnd zum Beispiel...» Ich erzähle von seinen Blumen, von seinen Bildern. Von seinem Lachen und von der unbändigen Kraft, mit der er sich freuen kann. Ihre Reaktion erschüttert mich: «Da haben Sie's, die sind so blöd, daß sie nicht mal merken, wieviel ihnen fehlt.» Und sie beißt sich an ihrem Satz fest: «Wenn ich so ein Kind hätte...» Diesmal bohre ich nach. «Was denn für ein Kind? Ein Contergankind? Einen Stotterer, einen Spastiker, ein Mongölchen? Wo wollen Sie denn diese verdammte Grenze ziehen? Wenn ein Finger fehlt, wenn ein Arm fehlt, wenn beide Beine fehlen? Wer will denn entscheiden, was noch lebenswert ist und was nicht?»
Ich merke, wie mich die Erregung packt. «Und außerdem: wenn Sie ein Baby haben, das macht ja auch ins Bett, das kann ja auch nicht sprechen, das kann ja auch nicht laufen. Und es kann Jahre dauern, bis Sie überhaupt merken, daß Ihr Baby nie laufen wird, daß es nie sprechen wird, und daß es immer ins Bett machen wird.»
Die Laborantin begreift nicht; wie mit Scheuklappen hält sie sich an ihren Ekelgefühlen fest: «Scheiße kann ich sowieso nicht anfassen. Da wird mir gleich schlecht. Also wenn ich nach oben auf die Station müßte und den Leuten den Arsch abwaschen, ich würde mich weigern. Gut, ich habe hier ja auch mit dem Zeug zu tun. Aber hier ist alles schön sauber abgepackt, Blut, Urin, Sputum und Stuhl. Das ist was anderes.» – «Entschuldigung», sage ich und werde aggressiv. «Irgendwo sind Sie doch auch behindert. Sie müssen sich doch selber jeden Tag den Hintern abwischen. Sie machen das halt etwas eleganter als unsere Kinder. Ihre Behinderung ist es, daß Sie das bei anderen nicht können.»

Es tut mir leid, daß ich so hart geworden bin, und ich sage versöhnlicher: «Schauen Sie mal, irgendwo sind wir doch alle behindert. Ich war zum Beispiel in Mathe immer ein bißchen schwach. Und Sie können vielleicht nicht besonders gut singen. Ein anderer stottert eben ein bißchen. Und wieder ein anderer kann halt überhaupt nicht sprechen. Ich werfe ja meiner Oma auch nicht vor, daß sie keine Olympiamedaille im Weitsprung holt. Warum soll ich dann einem Kind vorwerfen, daß es keine Beine hat.»
«Sie machen sich das zu einfach», antwortet sie und fängt an, den Labortisch aufzuräumen. Damit gibt sie mir zu verstehen, daß die Untersuchung eigentlich längst beendet ist. Gut, ich gehe. Da fällt mir Michael ein. Der würde es schaffen, diesen geistigen Käfig des Normalseins zu sprengen. Ich habe ja nur Worte, und das entscheidende Argument für meine Kinder sind die Kinder selbst. «Wollen Sie uns nicht mal besuchen», frage ich an der Tür, «nachmittags, zum Kaffee?» – «Nein», sagt sie und stellt ein Reagenzglas weg. Schade.
Am Abend, die Kinder sind alle im Bett, gehe ich zu Michael und setze mich zu ihm auf die Bettkante. In seinen Augen ist Freude. «Mike, hör zu, ich habe heute die Frau des Lebens für uns entdeckt. Sie ist blond, jung und ziemlich hübsch. Bloß – sie will nichts von uns wissen.» Michael ahnt, daß ich wieder flachsen will. Seine Oberlippe zittert. Ich erkläre ihm: «Heute habe ich eine Krankenschwester kennengelernt. Aber dann habe ich mit ihr geredet. Das war falsch. Irgendwie war sie eine dumme Kuh.» Michael lacht. «Gell, wir zwei bleiben bei unserer Rosemary.» Langsam bewegt sich sein Unterkiefer. Ich küsse ihn auf die Wange. Ganz nah sind seine strahlenden Augen vor mir. «Nacht, Hosenscheißer.» An der Tür drehe ich mich um. Er schaut mir nach. Licht aus. Ich weiß, daß du glücklicher bist als diese Frau. Ich mag dich.

*

Im Badezimmer ist der Teufel los. Stefan hatte angefangen, indem er Hubert mit dem Zahnputzbecher Wasser über den Kopf goß. Jetzt ist eine regelrechte Wasserschlacht im Gange. Nasse Waschlappen fliegen durch die Gegend. Adolf hält mit dem Daumen den Wasserhahn zu, daß das Wasser quer durchs ganze Badezimmer spritzt. Stefan füllt gerade wieder seinen Zahnputzbecher. Im letzten Moment schnappe ich ihm den Becher weg und schütte ihm das Wasser ins Gesicht. Laut prustend drückt er seinen dicken Bauch gegen mich und angelt mit beiden Händen nach dem Becher. Ich gebe ihm den Becher zurück. «Du bist' dran», bücke mich blitzschnell und schmeiße ihm einen triefenden Waschlappen ins Gesicht. Arnd, der sich an der Badewanne festhält, johlt vor Vergnügen. Nur Klaus steht etwas verängstigt in der Ecke. «Los, tu was», fordere ich ihn auf und drücke ihm einen Zahnputzbecher in die Hand. Er geht zwar damit zum Waschbecken und läßt Wasser hinein, dann stellt er ihn aber auf die Konsole und flüchtet in seine Ecke zurück. Arnd hat an der Badewanne die Brause aufgedreht und fuchtelt wild in der Gegend herum. Hubert landet einen Volltreffer, sein Waschlappen fliegt mir ins Gesicht. «Na warte!» Ich packe ihn am Genick und schleife ihn zur Badewanne. «Los, Arndi!» Arnd sieht sofort, was zu tun ist und wackelt mit der voll aufgedrehten Brause über Huberts Kopf herum. Hubert gluckst, versucht, Arnd die Brause wegzunehmen, und Adolf biegt sich vor Lachen.

Da reißt Adelheid die Tür auf: «Seid ihr verrückt geworden?» «Ja, ja», kreischt Stefan, «verdückt deworden» und stolziert mit dem vollen Zahnputzbecher auf sie zu. «Paß auf», schreie ich. Kopfschüttelnd schließt sie wieder die Tür, das Wasser klatscht gegen das Holz. Es ist wirklich höchste Zeit, aufzuhören, der ganze Fußboden steht unter Wasser, und ich bin schon klitschnaß. Ich bin ja der einzige, der etwas anhat. Tropfend gehe ich in Rosemarys Badezimmer und hole noch zwei Scheuertücher. Sie hat den Lärm natürlich gehört. Lachend sagt sie: «Also, ich ziehe mich immer erst aus, bevor ich dusche.» Michael liegt auf dem Wickeltisch und schaut mich staunend an. Vom Waschbecken her meldet sich Sigrid: «Kann ich mitmachen?» – «Nee, ist schon vorbei.» Enttäuscht guckt sie mir nach.

Adolf kniet schon am Boden und verteilt mit einem Scheuertuch gleichmäßig das Wasser. Ich gebe ihm einen trockenen Lappen und wringe seinen aus. Hubert und Stefan wollen auch helfen. Sogar Klaus kommt jetzt näher und hält mir die Hand hin. Schließlich hocken wir alle sechs am Boden, und fünf von uns tun so, als ob sie aufwischten. Aber nach zehn Minuten ist doch die größte Überschwemmung beseitigt. «Eigentlich brauchen wir gar nicht mehr zu duschen», bemerke ich und mustere meine Mannschaft. Aber sie wollen. Arnd klettert schon mit halsbrecherischen Verrenkungen in die Badewanne. «Also gut, aber ganz fix, es ist wirklich spät genug.» Arnd hält sich mit beiden Händen an der Handtuchstange fest, er ist noch ganz aufgekratzt. Ich spritze ihm etwas Wasser ins Gesicht. Er schnauft wie eine Lokomotive und kann gar nicht genug kriegen. Aber ich trockne ihn ab und schicke ihn ins Kinderzimmer. Der nächste, bitte. Hubert. Ich drücke ihm die Brause in die Hand und sage: «Paß auf, ich rufe dich jetzt an.» Er drückt die Muschel gegen sein Ohr. «Hallo, Hubert!» Noch bevor er «ja» sagen kann, drehe ich den Kaltwasserhahn auf. Der eisige Strahl trifft sein Ohr, erschreckt ihn, aber er ist ganz begeistert: «Los, ruf nochmal an.» – «Nein, morgen, sonst wird die Telefonrechnung zu hoch.» Ich dusche ihn kurz ab, drücke ihm das Frotteetuch in die Hand. «Mach schnell, daß du dich nicht erkältest.» – «Komm, Klaus!» Er klettert in die Wanne. «Soll ich dich auch anrufen?» frage ich ihn. Und er nickt wild mit dem Kopf. Dann greift er nach der Brause und drückt sie an sein Ohr. Noch bevor ich die Hand am Wasserhahn habe, sagt Klaus: «Hartmut.» Ich starre ihn an, das kann doch nicht wahr sein. Ich glaube, ich habe geträumt, ja, ich muß es mir eingebildet haben. «Sag das nochmal», bitte ich. Klaus arbeitet mit der Zunge, aber es kommt kein Ton.

Ich frage mich, ob ich an Halluzinationen leide und drehe mich hilflos nach Adolf und Hubert um. Sie putzen ihre Zähne. «Sagt mal, habt ihr was gehört?» Adolf nimmt die Zahnbürste aus dem Mund: «Ja, der Klaus hat dich eben angerufen – aber vielleicht warst du nicht zuhause.»

Der erste Schnee ist gekommen und mit ihm die ersten Weihnachtspakete für die Kinder. Samstagabend. Morgen ist der Vierte Advent. Ich gehe ins Kinderzimmer, ich habe für jeden ein Päckchen, das die Eltern geschickt haben. Für Stefan und Hubert, für Klaus und Adolf. Für Arnd ist kein Päckchen gekommen. Vorher bin ich in die Küche gegangen und habe eine Tafel Schokolade eingesteckt.
Nun sitzen sie alle im Bett und packen aus. Zuletzt komme ich zu Arnd. Er hat mich schon die ganze Zeit aufmerksam beobachtet. Mit großen Augen sitzt er da. Er sieht, daß meine Hände leer sind. Kein Weinen, nichts, nur eine maßlose Enttäuschung. Ich ziehe die Tafel Schokolade aus der Tasche und gebe sie ihm. Er schreit laut auf, fängt an zu lachen und ist vor Freude ganz außer sich. Es ist nicht die Tafel Schokolade, es ist die Tatsache, daß man ihn nicht vergessen hat. Und ich bin überzeugt, daß seine Mutter ihn nicht vergessen hat. Sicher ist ein Paket unterwegs, sicher kommt es am Montag an. Aber jetzt, an diesem Abend, wo alle darauf gewartet haben, daß ich die Sachen verteile, ist es eben nicht da. Da ist nur diese armselige Tafel Schokolade, von der Arnd vielleicht sogar ahnt, daß sie von mir ist, daß sie aus unserer Küche kommt. Aber Arnd freut sich, freut sich mehr als alle anderen Kinder. Wie wertvoll kann doch eine einzige Tafel Schokolade sein.

*

Am Montag kommt kein Päckchen für Arnd und auch am Dienstag nicht. Aber am Mittwoch – wir sind gerade beim Mittagessen – klopft es an der Tür. Arnds Mutter. Was im selben Augenblick geschieht, ist nur mit einem Vulkanausbruch zu vergleichen. Arnds Schrei geht hoch wie eine Sirene, höchste Alarmstufe eines überschäumenden Glücks. So schreien kann wohl nur ein Mensch, der es selber nicht mitanhören muß. Und wie der Blitz ist Arnd vom Stuhl hoch und hängt am Hals seiner Mutter. Adelheid kennt das offenbar schon, denn sie macht keine Anstalten, Frau Dorn zu begrüßen. Für eine Weile wird

das auch nicht möglich sein. Also rückt Adelheid die Kinder an unserem Tisch näher zusammen und stellt noch einen Teller hin. Arnds Lautstärke hat nachgelassen, er grunzt nur noch wie ein kleines Ferkel. Ich gebe Klaus zu verstehen, daß er die Hände von den Ohren wegnehmen kann, und dann stellt mich Adelheid Frau Dorn vor. Sie ist eine ausgesprochen sympathische Frau mit sehr klugen Augen. Sie fragt mich einiges über Arnd, ob er neue Bilder gemalt hat, und wie es mit dem Schreiben geht. Oh ja, das geht sehr gut. Arnd kann von allen Dingen, die er sehen kann, aufschreiben, wie sie heißen. Er fängt jetzt auch an, kleine Sätze zu schreiben, aber was ein Tätigkeitswort ist, kann er eigentlich noch kaum verstehen. Und dann erzähle ich von der Tafel Schokolade. «Es tut mir leid», sagt Frau Dorn, «aber ich dachte, Arnd freut sich mehr, wenn ich selber den Postboten spiele.» Nach dem Essen packen wir aus – es ist kein Päckchen, es ist eine ganze Reihe von Paketen. Frau Dorn hat nämlich nicht nur für Arnd Süßigkeiten und Spielzeug mitgebracht, sie hat liebevoll für jedes einzelne Kind eine Kleinigkeit eingepackt. Adolf frißt seinen Schokoladennikolaus auf einen Schlag auf. Nichts mehr zu machen! Bei Hubert braucht es meine ganze Überredungskunst, daß er seine Schokoladentafel nicht ebenfalls wie ein Vesperbrot verdrückt. Nur Stefan ist anders. Er preßt seine Rolle Kekse an die Brust und verkündet in schwäbischer Sparsamkeit: «Aufhebe i, aufhebe i.»
Unsere kleine Vorweihnachtsfeier endet dann doch mit Tränen. Frau Dorn muß wieder abfahren, und mit derselben Lautstärke wie bei der Begrüßung gellt nun Arnds verzweifeltes Geheul durchs Haus. Ich brauche lange, um ihn zu trösten. Er will nicht malen, er will nicht spielen, er will nur weinen. Erst beim Abendessen hat er zurückgefunden zu uns. Nun ist er wieder genauso fröhlich wie sonst. Stefan zeigt auf den Brotkorb und sagt artig: «Dot ditte.» Was Arnd nicht hört, sieht er, und er langt sofort in den Brotkorb und reicht Stefan mit der Hand eine Scheibe Brot hin. Stefan ist entsetzt und hält seinen Teller zu. Arnd kapiert sofort Stefans gute Kinderstube. Er legt das Brot in den Korb zurück und gibt ihm den ganzen Korb. So er-

ziehen die Kinder sich gegenseitig. Stefan nimmt mit einem höflichen Kopfnicken das Brot und beginnt zu schmieren. In allen seinen Bewegungen ist dabei eine ungeheure Grazie. Es sieht aus, als würde sich eine alte aristokratische Dame ihr Abendessen bereiten. Aber Stefan weiß nichts von dieser Schönheit in seinen Bewegungen. Vielleicht rührt daher ihre Vollkommenheit. Das ist die Anmut, mit der sich ein junges Tier bewegt. Stefan ist eben doch ein kleiner Bär, der sich von den Weinbergen seiner Eltern zu uns verlaufen hat. Unter den langen Wimpern träumen seine abwesenden Augen vielleicht von einer Ernte, die er nie einbringen wird.
Ich schicke die Kinder ins Badezimmer. Stefan kommt wie immer als letzter. Die Fersen hoch über dem Boden, stelzt er mit vorgeschobenem Bauch um die Ecke. Gegen seine nackte Brust preßt er die Keksrolle und verkündet stolz: «Erter i, erter i!» Er meint natürlich sich, obwohl er als letzter kommt.
Hinter ihm erscheint Rosemary. Sie hatte heute frei und kommt gerade von Föhrenbühl zurück. Stefan zeigt ihr sofort seine Kekse und erklärt nochmals, daß er sie aufheben will. «Nein», schüttelt Rosemary den Kopf, «die sind doch zum Essen da», und leiser, während sie sich zu Stefan hinunterbeugt, flüstert sie: «Versteck sie unter deinem Bett, und heute nacht kommst du zu mir, dann essen wir sie heimlich auf.» Stefan ist von dieser Idee ganz begeistert und rennt mit den Keksen ins Kinderzimmer. Dort versteckt er sie auch tatsächlich unter seiner Matratze.
«Soll ich Michael ins Bett bringen?» fragt mich Rosemary. «Wehe», drohe ich ihr, «der wartet doch schon auf mich.» – «Ganz schön eingebildet», lacht sie und hebt einen Waschlappen auf. «Du, ich sag dir, in Föhrenbühl war der Teufel los», erzählt sie jetzt. «Der Klabautermann hat wieder mal zugeschlagen und hat eine Kanne Milch ausgekippt. Acht Liter. Alles auf den Küchenfußboden. Morgen früh gibt's Wasserkakao.» Ich schaue sie an und sage: «Klabautermann...? Du meinst sicher...» – «Klar», unterbricht sie mich, «Kai natürlich, wer denn sonst.»

Während ich zu Michael hinübergehe, denke ich an ein anderes Kind, das ich überhaupt nicht kenne. Alle paar Tage kommen irgendwelche Schauergeschichten über diesen Kai bei uns an. Nach allem, was ich gehört habe, gibt es anscheinend nur ein einziges wirklich behindertes Kind auf der Welt. Ihn. Noch spät in der Nacht, als ich meine kleine Leselampe auslösche, geht der Klabautermann von Föhrenbühl durch meinen Kopf. Und auch am nächsten Morgen, nach einer traumlosen Nacht, erwache ich mit dem Namen Kai. Irgendwann werde ich einmal nach Föhrenbühl fahren, um diesen Kai kennenzulernen. Erst Jahre später sollte ich wissen, daß diese Begegnung eine tiefe Spur in mein Leben graben würde. Eine Spur, die wie alle Spuren eine Wunde ist, aber auch eine Spur, die wie alle Furchen fruchtbar ist.

*

Auf dem Tisch liegt eine völlig zerdrückte Rolle Kekse. Stefan hat zwar die ganze Nacht über wunderbar auf ihnen geschnarcht, aber die nächtliche Verabredung bei Rosemary zum Kekse essen hat er selbstverständlich verschlafen. Und das hat ihm Rosemary beim Frühstück aus Spaß vorgehalten. Stefan ist sofort ins Kinderzimmer gelaufen und hat die Kekse geholt. «Dir schenke i, dir schenke i», ist er zurückgekommen. So ist Stefan. Erst will er sie aufheben bis zum jüngsten Tag, und dann verschenkt er sie einfach. «Trottel», sagt Rosemary lachend. «Trottel i, Trottel i», wiederholt Stefan stolz.

*

Im Februar mache ich mein Praktikum als Stallbursche. Auf dem Hof sind ein paar Leute krank geworden, aber die Arbeit muß ja gemacht werden. Jeden Morgen – die Sterne stehen noch am Himmel – gehe ich in den Kuhstall. Jedesmal, wenn ich mit der Schubkarre auf den Hof komme und den dampfenden Mist seitlich über die Holzplanke ausleere, ist es ein Stück heller geworden. Ein Stern nach dem anderen verblaßt, und immer schneller klettert der Tag über den Horizont. Dann zeigt sich der erste rote Streifen. Ich lasse die Schubkarre stehen und schaue zu, bis die Sonne ganz über den Hügeln steht und sich mit einem blitzenden Streifen von ihnen löst. Dann hole ich die letzte Fuhre Mist und frage mich, woher das Glück in mir kommt. Ist es der Mist? Ist es der Morgen? Ist es der Sonnenaufgang? Ich weiß es nicht, ich fühle nur, daß ich stärker bin nach dieser Arbeit. Ich atme tief die kalte Morgenluft ein und gehe mich waschen. Die Kinder sind schon wach, nur Stefan der Bär schnarcht noch. Adolf ist neugierig: «Warst du im Stall?» fragt er. «Ja.» – «Nimmst du mich morgen mit?» Ja – ich nehme ihn mit. Für Adolf ist es ein Abenteuer und natürlich eine Auszeichnung, daß er vor den anderen aufstehen und mit mir in den Stall gehen darf. Helfen kann er eigentlich nicht. Aber auf seinen Krücken läuft er mir nach. Volle Schubkarre raus, leere Schubkarre rein, und Adolf immer hinterher. Dann schauen wir gemeinsam dem Sonnenaufgang zu. Adolf ist stolz auf seine dreckigen Stiefel, und er findet, daß man sie eigentlich nicht mehr putzen sollte. «So kannst du aber nicht zum Frühstück kommen», sage ich, «du kannst sie ja morgen früh wieder schmutzig machen.» Und während ich die Kinder aufstehen lasse, putzt Adolf seine Stiefel.

In den nächsten Tagen wird eine Kuh kalben. Wenn das Kälbchen zur Welt kommt, will ich unbedingt dabei sein. Adolf will natürlich auch dabei sein. Ab und zu rennt immer einer von uns zum Hof hinüber und fragt, ob es nicht bald soweit ist. Aber es ist noch nicht soweit. Eines Abends – die Kinder sind schon im Bett – kommt Hildegard. «Schnell, schnell, es muß gleich kommen.» Leise gehe ich ins Kinderzimmer. Adolf ist noch wach. «Zieh dich an», sage ich, aber vor Aufregung findet er kein Hosenbein und keinen Ärmel. Ich helfe ihm.

Dann rennen wir los. So schnell, wie ein Kind mit Krücken halt rennen kann. Ich muß ihn bremsen, daß er nicht hinfällt.

Im Stall brennt Licht. Hildegard, der Bauer, der Tierarzt und ein paar Mitarbeiter sind da. Die Kuh brüllt. Der Kopf und die

Vorderbeine des Kälbchens sind schon da. Der ganze Körper der Kuh arbeitet. Vorsichtig zieht der Tierarzt das Kälbchen an den Beinen heraus. Es geht ziemlich schnell, da liegt es blutig und naß im Stroh. Der Arzt holt die Nachgeburt und gleich beginnt die Kuh, das Kleine abzulecken. Adolf steht mit großen Augen neben mir. Ich lege meine Hand auf seine Schulter. Er sagt kein Wort. Wir schauen noch eine Weile zu, dann gehen wir schweigend hinaus.

«Geh jetzt schön leise ins Bett», sage ich oben. Adolf nickt nur, und während er sich auszieht, decke ich den Frühstückstisch für den nächsten Morgen. Dann gehe ich hinüber, um Adolf Gute Nacht zu sagen. Er sitzt ganz still im Bett und schaut mich an. Er will etwas sagen, aber er schafft es noch nicht. Ich setze mich zu ihm und warte. Nach einer Weile sagt er ganze leise: «Du, sag mal, ist Sterben genauso einfach?» Ich streichle ihm übers Haar und sage: «Ich weiß es nicht genau, aber ich glaube schon. Weißt du», sage ich nach einem Augenblick des Schweigens, «daran müssen wir beide noch nicht denken.» – «Aber», sagt Adolf, «das Kälbchen ist doch auch ganz plötzlich gekommen.»

*

Vom Spaziergang hat Arnd die ersten Frühlingsblumen mitgebracht. Es ist nur ein kleiner Strauß, fünf oder sechs Stengel, kaum noch Blüten, aber wenigstens zwei Schneeglöckchen sind dazwischengeraten. Nicht, daß Arnd heute weniger oft hingefallen wäre als sonst, aber um diese Jahreszeit blüht noch kaum etwas am Wegesrand. Arnd legt die wenigen müden Stengel in der Küche auf den Spülstein und macht den Schrank auf. Im obersten Regal stehen Blumenvasen. Er holt einen Stuhl und klettert hinauf. Es sieht schon ziemlich gefährlich aus, aber ich weiß ja, daß ihm nichts passiert. Aber da passiert es doch: Eine Vase rutscht vom Regal, fällt zu Boden und zerspringt in tausend Stücke. Es ist nicht die, nach der Arnd gegriffen hat, die hält er fest in der Hand. Es ist eine andere, größere, die daneben stand. Arnd klettert vom Stuhl und fängt an zu schreien. Er

weint nicht, er brüllt aus Leibeskräften. Sein Gesicht wird krebsrot, es ist ein richtiger Tobsuchtsanfall. Ich versuche ihn zu beruhigen, aber es geht nicht. Wütend tritt er mit dem Fuß nach den Scherben. Ich nehme einen Handfeger und eine Kehrschaufel und halte ihm beides hin. Vielleicht wird es besser, wenn er den Schaden selber beseitigen kann. Zornig schlägt er nach meiner Hand, so habe ich ihn überhaupt noch nicht erlebt. Adelheid kommt, Rosemary, Sigrid, Adolf und Hubert. Nach einer Weile stehen sie alle in der Küche, reden durcheinander. Aber es ist kein Wort zu verstehen, so laut ist Arnds Geschrei. Er klammert sich am Spülstein fest und trampelt mit den Füßen. Da packe ich ihn, klemme ihn wie ein Paket unter den Arm und trage ihn nach oben. Er zappelt und tobt. Die anderen Kinder schauen uns verwundert nach. Im Zimmer werfe ich ihn auf sein Bett, werfe ihn regelrecht weg, drehe mich um und knalle von draußen die Tür zu. Das Schreien hört auf, ich höre, daß er weint. Damit wäre das Schlimmste überstanden. Ich gehe nach unten und kehre die Scherben auf. Rosemary hat die Kinder ins Spielzimmer geschickt. «Das muß schrecklich sein für Arnd», sagt sie in der Tür, «wo ihm doch noch nie was runtergefallen ist.» Ich kippe die Scherben in den Mülleimer. «Die Vase stand auch saublöd», erkläre ich, obwohl ich gar nicht weiß, wo sie gestanden hat. Aber sie muß einfach saublöd gestanden haben.
Ich stelle Arnds trauriges Blumensträußchen ins Wasser und trage es nach oben. Arnd hat sein ganzes Bett zerwühlt, er weint immer noch. Ich beachte ihn überhaupt nicht, stelle die Blumen auf den Tisch. Dann lege ich die Wachskreiden und Papier dazu und gehe hinaus. Nach zehn Minuten schaue ich vorsichtig ins Zimmer. Arnd sitzt am Tisch und malt. Er weint nun nicht mehr, und er hat sogar sein Bett gemacht. Ich will ihn jetzt nicht stören. Wenn das Bild fertig ist, dann wird alles wieder gut sein, dann wird alles vergessen sein. Etwas später schaue ich nochmal nach – zu spät. Arnd hat den schwarzen Stift genommen und hat damit das ganze Bild übermalt. Er schaut mich an und zeigt mit dem Finger auf das schwarze Blatt. Ich glaube, daß ich ihn verstehe, vielleicht wollte er sich damit selbst bestra-

fen. Arnd möchte, daß ich das Bild aufhänge. An der Wand hängt nun ein schwarzer Fleck. Zwei Tage später nehme ich das Blatt weg und hänge ein neues hin. Darauf sind wieder die fröhlichen Farben, mit denen Arnd seine Bilder malt.

*

In den Ferien soll Brachenreuthe auf Jugendliche umgestellt werden. Der Heimleitung geht es dabei vor allem um den Bauernhof, er soll den heranwachsenden Behinderten Arbeitsplätze bieten. Zusätzlich sind zwar mehrere Behindertenwerkstätten geplant, aber im Vordergrund wird die Landwirtschaft stehen. Der Lehenhof, ein Dorf für erwachsene Behinderte, hat mit der Arbeit der letzten Jahre bewiesen, daß es nicht nur gesundheitlich, sondern vor allem therapeutisch sinnvoll ist, Behinderte in der Landwirtschaft arbeiten zu lassen. Mit Brachenreuthe soll nun ein Modell geschaffen werden, durch das ein gleitender Übergang von der Schule zur Werkstatt ermöglicht wird. Der bisher vernachlässigte Zeitraum zwischen Pubertät und Erwachsensein soll hier besonders berücksichtigt werden. Im Spaß sprechen wir von unserer Oberschule für Behinderte. Föhrenbühl hat inzwischen zwei neue Häuser gebaut, sie sind bezugsfertig, und unser Umzug kann stattfinden. Jetzt, wo die meisten Kinder in den Ferien sind, macht die Umstellung am wenigsten Probleme.

Ich hatte darum gebeten, daß ich «meine» Kinder im neuen Haus behalten darf. Aber in Föhrenbühl hat man andere Pläne. Kurz vor Mittag – ich schlage gerade die Bettgestelle auseinander – kommt Adelheid. «Du kannst jetzt deine Gruppe doch nicht behalten, du mußt eine andere Gruppe nehmen.» Ich sehe wohl etwas enttäuscht aus. «Die Jungens werden sowieso in verschiedene Gruppen aufgeteilt.» – «Und....?» – «Du kriegst eine kleine Gruppe, mit drei Kindern.» Ich stutze: «Mehr nicht?» – «Oh, das kann mehr als genug sein.» – «Wieso?» – «Nun», sagt Adelheid, «du kriegst den Detlef, den Oliver – und den Kai.» Ich setze mich auf eine Bettkante. «Erzähl mir doch etwas von

Kai», bitte ich. Adelheid schüttelt den Kopf. «Wenn du willst, kannst du den Krankenbericht lesen. Sieh mal, du bist schon so lange hier. Und du hast bei keinem einzigen Kind die Akte sehen wollen. Wenn ich dir jetzt etwas über Kai erzähle, dann bist du vorbelastet. Dann gehst du nicht mehr unbefangen an ihn ran. Gut, ich kann dir sagen, daß er mongoloid ist, und daß er wahrscheinlich gleichzeitig autistisch ist. Das widerspricht sich eigentlich und macht vielleicht sein Problem aus. Aber was nützt dir das? – Ich erzähle dir ja kein Geheimnis, wenn ich dir sage, daß wir zum Beispiel neue Mitarbeiter nie vorher über die Kinder ‹aufklären›. Die sollen das Kind selber entdecken, sollen auch selber die Schwierigkeiten rausfinden. Manchmal entdecken sie dann auch was ganz neues, was wir übersehen haben. Wenn sie fragen, antworten wir natürlich, und die Krankheitsgeschichte können sie auch lesen, wenn sie wollen. Und wenn sie wirklich etwas falsch machen, dann sind wir alten Hasen ja auch noch da. Noch was», fügt sie hinzu, «du triffst so viele angeblich normale Menschen im Leben, die einen Psychiater haben. Da kannst du auch nicht vorher beim Psychiater anrufen und sagen: Ich treffe heute Herrn Soundso, sagen Sie mir doch mal, wie der ist. Und wenn du es könntest, würdest du den Leuten überhaupt nicht mehr frei gegenübertreten können. Frag also nicht, wer Kai ist. Er kann zwar nicht sprechen, aber du kannst sicher sein, er wird es dir schon selber sagen. Er ist übrigens noch zuhause. Er kommt erst nächste Woche. Aber Oliver und Detlef sind da, die haben ja kein Zuhause.» Ich nehme den Hammer und schlage das nächste Bett auseinander.

Die Möbel sind weg, unsere Mannschaft ist reisefertig. Nur zwei von uns werden hierbleiben: Rosemary und Michael. Rosemary hatte sich schon lange gewünscht, mit Größeren zu arbeiten. Auf der anderen Seite wollte sie aber Michael auf keinen Fall hergeben. Die Entscheidung war einfach. Da Michael praktisch ein Pflegefall ist, stellt er für jede Kindergruppe eine besondere Belastung dar. In einer Gruppe von Jugendlichen, die sich selber waschen und anziehen, die alleine essen und aufs Klo gehen, wird Rosemary mehr Zeit für Michael haben. Und Michael

wird von den Jugendlichen wahrscheinlich auch mehr Zuwendung erfahren als von Kindern, die ja doch kaum mit ihm spielen konnten.
Ich gehe mich von Michael verabschieden. Er weiß, was um ihn herum vorgeht, aber er ist doch ein bißchen unsicher. «Hallo, Hosenscheißer», sage ich. «Ich hau' jetzt ab.» Da kullert schon die erste Träne über sein schmales Gesicht und die nächste gleich hinterher. Es ist das erstemal, daß ich Michael weinen sehe. Ich drücke seine kleine Hand und gebe ihm einen Kuß, wische ihm die Tränen weg. «Ich komme dich doch dauernd besuchen, du wirst sehen.» Er versucht zu lachen, aber es geht nicht. Das Schluchzen ist stärker. Ich warte, bis es nachläßt, streichle ihn, gehe hinaus. «Rosemary, ich habe was Schreckliches gemacht.» Ihre wasserblauen Augen schauen mich fragend an. «Ich habe ihm gesagt, daß ich weggehe. Jetzt weint er.» – «Das ist doch gut», sagt sie ganz ruhig. «Wenn man nicht weinen kann, geht manchmal viel mehr kaputt – und bild dir bloß nicht ein, daß er deinetwegen heult. Der heult doch nur, weil ich hierbleibe.»
Ach Rosemary, deinen Humor möchte ich haben. Ich nehme sie in die Arme. «Mach's gut, und paß gut auf unseren Hosenscheißer auf.»

*

Detlef ist wahrscheinlich als ganz normales Kind zur Welt gekommen. Was ihm fehlt, ist schwer zu sagen, aber es ist leicht festzustellen, was ihm gefehlt *hat:* Liebe. Gleich nach seiner Geburt wurde er zur Adoption freigegeben. Es gab für ihn kein Elternhaus. Eine Mutter war wohl da, aber sie war nicht für *ihn* da. So jedenfalls hatte das Gericht befunden. Und so begann denn sein Leben in einem Krankenhaus, ging weiter in einem Säuglingsheim und in verschiedenen Kinderheimen. Er war zur Adoption freigegeben, aber niemand hatte ihn adoptiert. Als er mit neun Jahren nach Föhrenbühl kam, hatte er vierzehn Heime hinter sich. Vierzehnmal kein Zuhause, vierzehnmal keine Mutter und keinen Vater, vierzehnmal alleine gewesen – neun

Jahre lang. Vielleicht hat ihn mal eine Krankenschwester oder eine Kindergärtnerin gern gehabt. Aber was Liebe ist oder Geborgenheit, das weiß Detlef nicht. Seine sogenannte Krankheit trägt den schlichten Namen Hospitalismus – krank geworden durch Krankenhäuser.
Er ist der erste, den ich in Föhrenbühl treffe. Jetzt ist er elf Jahre alt. Dünnes, flachsgelbes Haar hängt über seine Stirn, auf der Nase verblassen ein paar Sommersprossen. Er sieht mich nicht an, hält mir mit niedergeschlagenen Augen die Hand entgegen. Ich nehme sein Kinn und hebe sein Gesicht zu mir auf. Für einen Augenblick sehe ich seine Augen. Sie sind graublau, aber sie schließen sich, der Kopf dreht sich zur Seite, an den Wimpern erscheinen Tränen. Er läßt meine Hand los, läuft ins Haus, und ruft laut und fröhlich: «Oliver, der Hartmut ist da.» Ein lachendes Kind. Hatte ich Tränen gesehen? Vielleicht nicht, aber ich habe gesehen, wie seine Seele vor mir geflohen ist.
Oliver kommt, stolpernd, o-beinig. Er hat pechschwarzes Haar und genauso schwarze Augen. Auf seinem Mund ist ein verschmitztes Lachen. «Der Kai kommt erst nächste Woche, aber ich bin schon ganz lange hier.» – «Ich weiß», sage ich und begrüße Giselheid Schmidt, meine neue Hausmutter. Sie ist eine zarte blonde Frau, sie war gerade beim Kochen und trocknet sich die Hände ab. «Bei Oliver mußt du aufpassen», sagt sie als erstes, «der darf auf keinen Fall Streichhölzer in die Hand kriegen. Das heißt», verbessert sie sich, «du mußt sie ihm rechtzeitig wegnehmen, irgendwie kommt er nämlich immer an Streichhölzer ran. Ich habe sie heute morgen schon wieder woanders versteckt.»
Es dauert auch keine zwei Stunden, da erwische ich Detlef in der Waschküche. Er steht auf einem Stuhl vor dem Schrank. Im Schrank sind eigentlich nur Bettwäsche und Windeln, unten Waschpulver und Wäscheklammern. Aber in der Hand hat Detlef zwei Schachteln Streichhölzer. Er schiebt sie zwischen die Bettwäsche zurück und sagt zögernd: «Oliver hat's gesagt.» – «Du darfst nicht alles machen, was Oliver sagt, vor allem darfst du ihm keine Streichhölzer holen.» Detlef verschwindet, und

ich gehe zu Giselheid. «Ich weiß, wo die Streichhölzer sind.» – «Woher?» fragt sie ganz erstaunt. «Na, von Oliver.» Giselheid geht in die Waschküche und holt fünf Zehnerpakete Streichhölzer aus dem Wäscheschrank. «Da fehlen aber schon welche», stellt sie fest. Schnurstracks gehen wir beide ins Kinderzimmer. Oliver sitzt mit einer Unschuldsmiene auf dem Bett. «Wo hast du die Streichhölzer?» – «Ich habe keine», stottert er. Wir durchsuchen seine Hosentaschen, sein Bett. Nichts. «Guck mal», sagt Giselheid und macht das Fenster auf. Draußen auf der Fensterbank liegen etwa zwanzig abgebrannte Streichhölzer. «Oliver! Wo kommen die her?» – «Von Detlef», sagt er bestimmt – und so unrecht hat er ja auch gar nicht. Detlef steht dabei und schaut aus dem Fenster. Aber er schaut nicht auf die Streichhölzer. Er schaut irgendwo hin.

*

«Seine Mutter war Tänzerin» erzählt Giselheid. Thomas, der neue Kriegsdienstverweigerer, und ich sitzen auf der Anrichte und hören zu. «Also Tänzerin in Nachtclubs», erläutert sie, «drei Wochen hier, zwei Monate da. Wahrscheinlich hat sie auch während der Schwangerschaft zu lange weitergetanzt. Aber das Entscheidende war wohl, daß sie bei einem Hotelbrand einen Schock erlitten hat. Dieser Schock hat dann eine Frühgeburt ausgelöst. Tja, das sind so ungefähr die Umstände, unter denen Oliver zur Welt gekommen ist.» Thomas schaut uns fragend an: «Meint ihr, daß seine Kokelei etwas damit zu tun haben kann?» Ich überlege kurz und schüttele dann den Kopf: «Direkt wohl nicht. Aber etwas anderes ist natürlich denkbar. Es kann sein, daß die Frau diesen Schock nie verwunden hat, und daß ihre Angst vor Feuer sich in Olivers Erziehung niedergeschlagen hat. Sozusagen umgekehrt. Sie hat vielleicht alles, was irgendwie mit Feuer zu tun hatte, vermieden oder verboten, und das hat bei Oliver ein erhöhtes Interesse daran geweckt.» Thomas findet meine Erklärung einleuchtend, aber auf einmal springt er lachend von der Anrichte: «Also eins versprech' ich euch: einen Hotelbrand wird Oliver nicht legen.» – «Wieso?» fragen wir wie aus einem Munde, und Thomas serviert uns eine höchst plausible Erklärung: «Na ganz einfach, weil das hier kein Hotel ist.» Unser Lachen ist nicht ganz echt, denn wenn das Haus plötzlich in Flammen stehen würde, dürfte es kaum ein Trost sein, daß es ja kein Hotel war.

Unser Gespräch erinnert mich jedenfalls daran, daß es angebracht wäre, mal wieder nach Oliver zu schauen, der im Moment angeblich seinen Mittagsschlaf hält. Natürlich schläft er nicht, sondern turnt auf dem Tisch herum, von wo aus er gerade eine Rede schwingt. Detlef sitzt vor ihm auf der Erde und nickt wie ein Waldesel. Oliver verstummt bei meinem Auftauchen. Er grinst mich an und sagt scheinheilig: «Wir machen Schule.» – «Na gut, und was ist gerade dran?» erkundige ich mich. Oliver zögert mit der Antwort. «Lagerfeuer machen», sagt Detlef. Das zwingt mich nun doch, die beiden nach Streichhölzern zu durchsuchen. Ohne Ergebnis. Es sollte also wohl doch kein praktischer Unterricht werden. Das bringt mich auf eine Idee: «Wenn wirklich Feuer gemacht wird, dann machen wir das aber zusammen, gell!» Wahrscheinlich wäre es ganz gut, mit den beiden mal ein Lagerfeuer zu machen. Dann kann Oliver seinen Kokeltrieb befriedigen, und ich habe ihn wenigstens unter Kontrolle. Und außerdem braucht er nicht mehr heimlich zu kokeln, wenn er weiß, daß ich mitmache. Ich lasse die beiden ihren Unterricht fortsetzen und schaue noch kurz ins andere Kinderzimmer. Monika ist weg. Das bedeutet höchste Alarmstufe. Wenn ein autistisches Kind wegläuft, dann kann es sein, daß man es auf irgendeinem Baum oder – schlimmer noch – unter einem Auto wiederfindet. Autistische Kinder sind völlig beziehungslos – Menschen gegenüber, einem Zuhause gegenüber, ja, sich selbst gegenüber. Und wenn sie wegrennen, dann kommen sie auch nicht von allein zurück. Sie laufen ohne jede Orientierung irgendwohin, blind für alles, auch für Gefahren.

Ich renne in die Küche. «Deine Monika ist weg.» – «Mach keinen Quatsch», meint Thomas, «hier vom Küchenfenster hätte ich sie ja sehen müssen.» – «Doch», sage ich, «sie ist weg.» Wenn Thomas nicht geschlafen hat, dann muß sie noch im Haus sein. «Einer von uns hätte sie bestimmt gesehen», beruhigt mich Giselheid, «wir haben schließlich die ganze Zeit hier am Fenster gestanden.» Trotzdem sind wir etwas nervös. Thomas geht in den Keller, in die unteren Mitarbeiterzimmer, in den Heizungskeller. Nichts. In dieser Zeit habe ich den Speicher und die oberen Räume abgesucht. Genauso erfolglos. Jetzt wird es ernst. Sie muß doch aus dem Haus gekommen sein. Wir stehen im Flur und machen einen Schlachtplan: Sofort ein paar Mitarbeiter in den anderen Häusern anrufen, sie sollen unten zum Wald hin suchen. Thomas und ich werden uns die andere Richtung vornehmen, Straße, Garten und oberen Parkplatz. Giselheid steht schon am Telefon, hat den Hörer bereits in der Hand. Da geht hinter uns die Klotür auf, und wie ein mondsüchtiges Dornröschen tippelt Monika an uns vorbei in Richtung Kinderzimmer. Im ersten Moment sind wir sprachlos, aber dann müssen wir laut lachen. Was waren wir doch für Idioten. Auf die einfachste Idee sind wir nicht gekommen. Thomas nimmt es wieder von der lässigen Seite. Er hört als erster auf zu lachen und sagt trokken: «Hab' ich dir doch gesagt, daß sie da ist.» Mit der selben Lässigkeit versuche ich zu kontern: «Hier ist eben überhaupt nichts los, Oliver zündet nicht das Haus an, Monika rennt nicht weg – es ist wirklich Zeit, daß mal was passiert.» Ich sollte nicht lange darauf warten müssen.

Der Zusammenprall

Detlef reißt die Küchentür auf: «Der Kai ist da.» Er ist gerade angekommen, nun steht er in der Haustür, seine zu dünnen Beine zittern. Obwohl er zehn Jahre alt ist, hat er die Größe eines Sechsjährigen. Ein bißchen schielt er, mit den Fingern der rechten Hand schlägt er nervös und schnell gegen seine Lippen. In seinen blonden Haaren spielt das Sonnenlicht, das schräg von draußen hereinfällt. Ich beuge mich zu ihm herunter und sage: «Grüß Gott, Kai.» Im selben Moment reißt er blitzartig die Hände hoch, und seine Finger krallen sich in meinen Haaren fest. Automatisch greife ich nach seinen Handgelenken, aber er läßt nicht los. Er schreit laut und hell wie ein kleines Tier. Seine Augen sind weit aufgerissen, Tränen laufen über sein Gesicht. Der ganze kleine Körper wird wie von Krämpfen geschüttelt. Ich kann nichts tun als seine Arme so dicht wie möglich bei meinem Kopf halten, damit er mir nicht büschelweise die Haare ausreißt. Erst nach einer ganzen Weile löst sich der Krampf. Die Finger öffnen sich, und Kai läßt sich auf den Boden fallen. Dort bleibt er sitzen und heult vor sich hin.
Was soll ich machen? Ich lasse ihn sitzen, nehme seinen braunen Koffer, der auf der Bank steht, und gehe ins Kinderzimmer. Nachdenklich lege ich die Wäsche in den Schrank. Ich bin etwas verwirrt. Was hatte ich Kai getan? Ich war doch nicht zu schnell auf ihn zugegangen? Hatte ich ihn erschreckt? Ich hatte doch nur Grüß Gott sagen wollen. Der Schreck sitzt mir selber noch in den Knochen, aber ich habe nicht viel Zeit, länger darüber nachzudenken. Im Flur schreien Kinder. Ich lasse den Koffer stehen und renne hinaus. Kai sitzt noch an derselben Stelle, neben ihm kniet jetzt Detlef. Kai hat ihn an den Haaren gepackt, und beide schreien und heulen um die Wette. Giseleheid

steht daneben und redet beruhigend auf Kai ein. Nun wiederholt sich das gleiche, was ich gerade erlebt hatte. Kai läßt nach einer Weile los, heult weiter vor sich hin und schlägt wieder mit den Fingern gegen seinen Mund. Detlef rennt ins Zimmer und wirft sich weinend aufs Bett. Ich überlege, ob ich den Koffer weiter auspacken soll. Jetzt ist es elf Uhr – in einer Stunde gibt es Mittagessen. Ich beschließe, den Koffer später auszupacken und jetzt auf Kai aufzupassen. Also gehe ich in den Flur und setze mich auf die Bank, ein Stück weit weg von Kai, der immer noch am Boden sitzt und weint. Ich versuche, mit ihm zu reden. Ich frage ihn, warum er das getan hat, sage ihm, daß er doch keine Angst haben muß. Ich frage ihn, ob wir etwas spielen wollen. Aber er scheint alles nicht zu hören. Mit leicht vorgebeugtem Kopf, die Beine im Schneidersitz, schielt er vor sich hin. Es scheint fast, als schielte er in sich hinein. Er hat jetzt aufgehört zu weinen. Immer noch klopft er sehr leicht und schnell mit den Fingern an seine Lippen. Plötzlich steht er auf und läuft hinaus. Dabei geht er etwas schief in den Hüften, es sieht aus, als wenn er sich mit dem Oberkörper hochzieht. Draußen setzt er sich in die Sonne auf die Steinplatten und versinkt wieder in sein Schielen und in das rhythmische Spiel seiner Hände.

*

Die Situation scheint mir jetzt nicht mehr so gefährlich, und ich gehe hinein, um den Koffer weiter auszupacken. Diesmal passiert wirklich nichts, außer daß plötzlich der Gong zum Mittagessen ertönt. Die Kinder versammeln sich im Flur – einige werden in Rollstühlen gebracht. Nur Kai kommt nicht. Ich gehe hinaus und bleibe an der Tür stehen. Er sitzt noch da. Ich sage: «Komm, Kai, es gibt Mittagessen», aber er rührt sich nicht. Ich gehe etwas näher und halte ihm die Hand hin. «Komm, steh auf.» Er macht eine hektische Bewegung mit der Hand, als wollte er sich vor einer Ohrfeige schützen. Dieselben großen Augen starren mich kurz an, ohne mir in die Augen zu sehen, dann laufen wieder die Tränen. Was soll ich machen?

Zum Glück kommt in diesem Augenblick Joachim. Über dem Arm trägt er eine Zwangsjacke. Ich erschrecke. War das möglich? Konnte man – mußte man ein Kind zum Essen anbinden? Joachim stellt sich vor Kai hin, und sofort steht Kai auf, streckt beide Arme aus und ist bereit, sich die Jacke anziehen zu lassen. Offenbar ist er sogar ganz froh darüber. Das verstehe ich nun überhaupt nicht mehr. Die überlangen Ärmel baumeln an Kai herunter, und so läuft er auf seinen wackligen Beinen hinter Joachim her in Richtung Eßzimmer. An der Tür bleibt er stehen und streckt die Arme gegen Joachim aus. Es ist etwas Hilfesuchendes und zugleich etwas Abwehrendes darin. Joachim kreuzt Kais Arme und legt die Ärmel auf dem Rücken übereinander. So führt er ihn zum Tisch, drückt ihn auf einen Stuhl und bindet die Ärmel hinter der Stuhllehne zusammen. Der Stuhl wird ganz dicht an den Tisch geschoben, so daß Kai mit der Brust direkt an die Tischkante kommt. Joachim setzt sich rechts von Kai hin, ich mich auf die andere Seite.
Es gibt Eintopf, Giselheid füllt ganz wenig in Kais Plastikteller und stellt ihn in die Mitte des Tisches. Joachim wartet, bis die Suppe etwas abgekühlt ist, dann zieht er den Teller zur Tischkante. Kai arbeitet unter seiner Jacke, versucht aufzustehen. Joachim drückt ihn auf den Stuhl zurück. Der erste Löffel. Kai schiebt den Kopf vor, streckt die Zunge raus und stöhnt. Dabei beißt er sich auf die Zunge. Joachim zwingt ihn, den Mund aufzumachen, schiebt die Suppe hinein, Kai spuckt. Er hat inzwischen irgendwie den rechten Arm aus dem Ärmel ziehen können. Unter der Jacke zeichnet sich der Ellbogen ab, Kai bringt ihn auf den Tisch, in seinen Teller, der Teller überschlägt sich, fliegt zu Boden. Jetzt erst fängt Kai an zu brüllen. Joachim schimpft, steht auf, geht den Teller holen. Im selben Moment ist Kais rechtes Bein auf dem Tisch, Joachims Teller fliegt hinterher. Die Ärmel der Zwangsjacke sind hinten über die Stuhllehne gerutscht. Ich halte Kai fest. Joachim schüttelt ihn, schimpft, bindet ihn nochmal an, fester. Kai wimmert vor sich hin.
Nach einer Weile stehen wieder Teller auf dem Tisch, Suppe ist eingefüllt. Kai wehrt sich jetzt nicht mehr, aber er kaut auch

nicht und schluckt nicht. Er läßt die Suppe einfach wieder heraus laufen. Joachim biegt ihm mit einer Hand den Kopf nach hinten, füttert ihn mit der anderen Hand. Kais Kopf schnellt nach vorne, gegen Joachims Hand oder gegen den Löffel, der Löffel scheppert auf die Tischplatte. Auf Kais Oberlippe zeichnet sich eine Blutspur ab. Joachim gibt auf. «Bring ihn raus», sagt er zu mir.
Ich binde Kai los, führe ihn ins Badezimmer. Ich möchte ihm das Blut von der Oberlippe wischen, möchte sein verheultes und mit Suppe verschmiertes Gesicht abwaschen. Aber er läßt es nicht zu. Er wehrt sich und brüllt noch lauter. Also lasse ich ihn und beginne ihm die Hosen auszuziehen. Seine Hände krallen sich an meinen Ohren fest, ich spüre seine längst nicht mehr geschnittenen Nägel. Ich halte seine Arme fest. «Kai, laß los», schreie ich, «Kai, laß doch los!» Es dauert eine Ewigkeit, wahrscheinlich sind es nur Sekunden. Ich muß ihn möglichst schnell ins Bett bringen. Ich zerre an seinem Pullover, vergesse ganz, daß auch er Ohren hat. Jetzt schreit er wieder. Nackt schiebe ich ihn vor mir her zur Klotür, drücke ihn auf den Sitz. «Mach was!» Hinter mir gehen Detlef und Oliver ins Kinderzimmer. Kai steht auf und will an mir vorbei. «Mach erst was», sage ich und dränge ihn zurück. Er setzt sich kurz hin, macht aber nichts, steht wieder auf. Ich lasse ihn durch, und er rennt ins Kinderzimmer. Schlafanzug anziehen. Raus. Ich muß noch das Eßzimmer putzen. Oliver ruft mir etwas nach, ich knalle die Tür zu.
Etwas verwirrt wische ich die bekleckerten Tische mit einem feuchten Lappen ab, hole den Besen, um den Boden zu kehren. Noch im Flur höre ich Detlefs sich überschlagende Stimme: «Hartmut, Hartmut, der Kai schmeißt mit großes Geschäft.» Ich renne ins Kinderzimmer. Da steht er im Bett. Das Gesicht, die Hände, alles ist braun. Weinend leckt er seine Hände ab. Mir wird schwindlig.

*

Genau dasselbe spielt sich am nächsten Morgen ab. Kurz nach sechs gellt Detlefs Stimme durchs Haus: «Hartmut, Hartmut, der Kai schmeißt...» Noch im Schlafanzug rase ich die Treppe hinauf. Wenigstens weiß ich nach meiner gestrigen Erfahrung, daß Kai in der Badewanne weder die Seife noch den Waschlappen in die Hand bekommen darf, weil er sie sofort durch die Gegend feuert. Und nach Möglichkeit sollte er auch weder meine Haare noch meine Ohren erwischen. Also dusche ich ihn «auf Distanz», und es dauert fast eine halbe Stunde, bis ich sein Gesicht, seine Hände und seinen Po gewaschen habe. Dann, beim Abtrocknen, bekommt er doch noch meine Haare zu fassen, obwohl ich mich vorsichtshalber hinter ihn gekniet habe, um seine Beine abzutrocknen. Dabei schreit er, als würde man ihm die Haare ausreißen. Jetzt brülle ich ihn an, aber er läßt nicht los. Ich umklammere seinen Unterarm, bis seine Hand sich endlich öffnet. Im Kinderzimmer kann ich ihn nicht anziehen, weil der ganze Teppich schmutzig ist. Das gibt wieder eine schöne Beschäftigung nach dem Frühstück.

Als letzte kommen wir ins Eßzimmer, die anderen haben schon angefangen. Joachim sagt nur: «Ab heute kannst du ihn füttern.» Das hatte ich befürchtet. Ich schweige und binde Kai an, er hat jetzt aufgehört zu heulen. Ich versuche ihm gut zuzureden, aber wir kommen nicht weit, schon nach wenigen Bissen fängt er an zu spucken. Sofort greift Joachim ein. Mit dem Kopf und mit der Zunge kämpft Kai heulend gegen das Füttern. Plötzlich fängt seine Nase an zu bluten. Ich muß ihn wieder losbinden und ins Badezimmer bringen. In diesem Moment weiß ich, daß ich ihn in Zukunft lieber selber füttern will. Diesen Kampf zu führen, wird doch immer noch leichter sein, als diesem Kampf zusehen zu müssen.

Zum Glück hört das Nasenbluten rasch auf, und ich wasche Kais Gesicht mit kaltem Wasser. Im Flur treffen wir Detlef und Oliver, die schon zur Schule gehen wollen. «Detlef, nimm doch den Kai mit und bring ihn in die Therapieklasse», bitte ich ihn. Kai läuft auch brav hinter den beiden her. Ich mache mich daran, im Kinderzimmer den Teppich zu säubern. Auf einmal, es sind kaum fünf Minuten vergangen, steht Detlef in der Tür. «Kai hat sich in eine Pfütze gelegt.» Ich schiebe Detlef zur Seite. Kai ist von oben bis unten naß, und was noch schlimmer ist, seine Hosen und sein Pullover sind über und über mit schwarzem Modder beschmiert. Ratlos schaue ich die Bescherung an und frage mich, wie oft ich ihn eigentlich am Tag baden soll. Nur Detlef findet das alles anscheinend nicht so schlimm, denn er sagt schüchtern, als müsse er sich selber entschuldigen: «Der wollte doch nur Wasser trinken.»

*

Mein Wecker klingelt, es ist viertel nach fünf. Ich habe wirklich keine Lust aufzustehen, aber es muß sein. Draußen ist es noch stockdunkel, und im ganzen Haus herrscht tiefes Schweigen. Heute wird mich nicht Detlefs «frohe Botschaft» wecken, sondern Kai wird auf dem Klo sitzen, bevor das «große Geschäft» beginnt. Lautlos ziehe ich mich an und gehe nach oben. Kai schläft noch, er liegt auf der Seite und hat die Knie fast bis ans Kinn gezogen. Sein Mund ist halb geöffnet. Ich wecke ihn, und etwas verstört klettert er aus dem Bett. Auf dem Klo ziehe ich ihm die nasse Pyjamahose aus und drücke ihn auf den Sitz runter. Auf meiner Uhr ist es jetzt kurz vor halb sechs. Wir haben also mehr als eine Stunde Zeit. Kai sitzt halb schlafend da und spielt mit den Fingern zwischen seinen Beinen herum. «Mach was!» fordere ich ihn auf, «Klo.»

Nach zwanzig Minuten hole ich mir einen Stuhl, Kai will ins Kinderzimmer zurücklaufen, aber ich schicke ihn wieder aufs Klo. Durch das kleine Fenster fällt allmählich ein erster grauer Schimmer herein, ich knipse das elektrische Licht aus. Im Halbdunkel sitzen wir da, schweigend, Kai auf dem Klo und ich auf dem Stuhl in der Tür. Ab und zu sage ich wieder «Klo» oder «Mach was!» Er macht nichts. Der Schein des anbrechenden Tages wird heller, das Zwitschern der Vögel erhebt sich mehr und mehr. Ich schaue auf die Uhr, es ist viertel nach sechs. Aus den Kinderzimmern höre ich die ersten Geräusche. Um halb

sieben geht eine Tür. Oliver blinzelt um die Ecke und verschwindet wieder mit einem «A-a-ach so», offenbar haben sie Kai vermißt.
Das große Geschäft scheint Verspätung zu haben. Thomas kommt die Treppe herauf und bringt seine Kinder ins Badezimmer, auf Zehenspitzen tippelt Monika vorbei. Auf dem Klo nebenan ist jetzt Hochbetrieb, ununterbrochen läuft die Spülung. Nur bei uns gibt es nichts zu spülen. Zehn vor sieben gebe ich es auf und wasche Kai. Er ist ungewöhnlich friedlich, und ich kann ihn anziehen, ohne diesmal angegriffen zu werden. Die morgendliche «Sitzung» scheint wenigstens einen Erfolg gebracht zu haben. Auf dem Weg ins Eßzimmer stellt sich auch der andere Erfolg ein: Kai macht in die Hose. Also kehren wir um und ich schiebe ihn ins Badezimmer. Erst nachdem das Badewasser eingelaufen ist, ziehe ich ihn aus und wische mit Klopapier seinen Hintern ab. Dann setze ich ihn in die Wanne und hole einen Waschlappen. In diesem kurzen Moment ist es schon passiert, Kai hat den Rest seines großen Geschäfts in der Badewanne verrichtet. Im Wasser schwimmen ein paar braune Klumpen herum, und Kai versucht sie einzusammeln. Ich fange an zu schreien. Wie ein Irrer brülle ich ihn an, weiß nicht, was ich sage, weiß nur noch, daß ich irgendwann auf ihn losprügeln werde. An den Armen reiße ich ihn hoch und dusche ihn ab, während das schmutzige Wasser abläuft. Er heult und zittert am ganzen Körper. Ich zittere auch, vor Wut, vor Enttäuschung, vor Erschöpfung. Lange halte ich das nicht mehr aus, wenn das so weitergeht, werden wir uns gegenseitig umbringen. Ich frage mich verzweifelt, warum er sich bloß so oft vollmacht. Er ißt doch fast nichts, er trinkt halt nur sehr viel. Er müßte eigentlich längst verhungert sein. Stattdessen habe ich rapide abgenommen. Innerhalb von zwei Wochen bin ich von 59 auf 52 Kilo runtergekommen.
Nachdem ich Kai zum zweitenmal angezogen habe, ziehe ich ihn wieder aus. Es ist sowieso zu spät, ihn noch in die Therapieklasse zu bringen, und ich habe beschlossen, ihm endlich einmal die Haare und die Fingernägel zu schneiden. Das hätte im

Grunde schon längst passieren müssen. Aber alleine schaffe ich es nicht, ich muß Thomas bitten, mir zu helfen. Kai zappelt wie verrückt, schlägt ruckartig mit dem Kopf, ich wage einfach nicht, ihm mit der Schere näher zu kommen. Wir holen die Zwangsjacke, und jetzt kann Thomas ihm den Kopf festhalten. Kai schreit wie am Spieß und versucht immer wieder seinen Kopf freizukriegen. Nur hin und wieder erwische ich eine Haarsträhne und kann das abschneiden, was zwischen meinen Fingern übersteht. Vor allem über den Ohren komme ich kaum vorwärts, weil ich immer wieder Angst habe, ihn zu schneiden. Durch seine Zappelei ziehe ich ihn allerdings ein paarmal an den Haaren. Was bei der ganzen Quälerei zustandekommt, ist zwar keine Frisur, sondern eine Reihe von unregelmäßigen Stufen, aber wenigstens hängen ihm die Haare nicht mehr so lang ins Gesicht und über die Ohren. Mit den Fingernägeln geht es dann einfacher. Thomas dreht Kai einen Arm auf den Rücken, und ich schneide ihm an der anderen Hand die Nägel. Er zuckt zwar dauernd mit der Hand, aber ich brauche keine Angst zu haben, daß ich ihn schneide, weil er seine Finger nur von mir wegzuziehen versucht.

Inzwischen ist der halbe Vormittag vergangen. Giselheid hat zum Glück schon das Eßzimmer gemacht und den Tisch für das Mittagessen gedeckt. Thomas und ich haben gerade noch Zeit, die Kinderzimmer aufzuräumen und die Betten zu machen. Kai sitzt auf dem Fußboden und verfolgt mißtrauisch meine Bewegungen. Der Tag hat für ihn doch heute schon genug Überraschungen gebracht.

Die Kinder kommen aus der Schule und wir versammeln uns zum Mittagessen. Oliver zeigt auf Kais Haare und will etwas sagen, aber er bringt den Satz nicht heraus. Er stößt ein K nach dem anderen hervor und stolpert neben uns her ins Eßzimmer. Ich halte ihn an: «Setz dich mal da auf die Bank – so –, und jetzt sag es ganz langsam.» Noch drei weitere K, und dann sagt er: «Komisch.» Er grinst, und wir gehen zu Tisch. Es gibt Suppe, Bohnensuppe – ausgerechnet! Ich weiß, daß Kai das überhaupt nicht mag. Ich löffle ihm zuerst nur die Flüssigkeit aus dem Teller, das ist für ihn fast wie Trinken, und er schluckt auch brav alles runter. Aber bei der ersten Bohne, die in seinen Mund kommt, fängt er an zu spucken. Ich wische ihm den Mund ab und warte. Mit dem Löffel zerkleinere ich die Bohnen, damit er möglichst nicht kauen muß. Kai schaut mich an, und ich schiebe einen Löffel voll Bohnen in seinen Mund. Er spuckt sie mir direkt ins Gesicht. Die Kinder lachen, Giselheid blickt stumm in ihren Teller, Kai schreit. Ich wische mir die Bohnen vom Gesicht und binde ihn los. Er ist schon wieder ganz verängstigt, es hat keinen Zweck. Ich wasche ihm die Tränen vom Gesicht und mir die Suppe. Nebeneinander stehen wir vor dem Spiegel, wir sind beide blaß und haben Ringe unter den Augen. Das Bild erschreckt mich, wie zwei Fremde schauen mich diese Gesichter an, ein kleiner Behinderter und ein großer Behinderter. Ich könnte heulen über uns. Kai läuft von selber ins Kinderzimmer und fängt an, die Matratze aus seinem Bett zu zerren. Ich sage nichts, ich tue nichts, deprimiert gehe ich nach draußen vors Haus. Es ist Föhn. Zum Greifen nahe stehen die Alpen in der aufgerissenen Luft. Ich sehe sie und sehe sie doch nicht. Der Tag ist für mich wie eine trüb gewordene Fensterscheibe, es gibt keine Aussicht mehr und keine Hoffnung. Das Leben geht nicht mehr weiter, nicht mal in meinem Kopf. Es dreht sich um sich selbst, wir sind Gefangene, nicht nur Kai, ich auch.

*

An der Böschung unterhalb des Hauses mäht Herr Strobel, unser Gärtner, mit einer Sense das Gras. Als wir vorbeikommen, hält er einen Augenblick inne und grüßt freundlich herauf. Detlef bleibt stehen und sagt: «Mensch, hat der eine große...» Sense, denke ich, «...Glatze», sagt Detlef. Aber mir ist nicht zum Lachen zumute. Der Spaziergang ist alles andere gewesen als ein Vergnügen. Zweimal hat Kai Oliver an den Haaren gehabt, und Oliver hat sich darüber so aufgeregt, daß er alle paar Meter hingeflogen ist. Zwischendurch war Detlef eine Zeitlang spurlos verschwunden, und ich konnte nur darauf vertrauen, daß er bald wieder auftaucht. Ich bin froh, daß der Nachmittag seinem Ende zugeht.

Im Hausflur sitzt eine fremde Dame auf der Bank. Sie trägt ein elegantes graues Kostüm und hat eine Aktentasche bei sich. «Dr. Hildebrandt», stellt sie sich vor, «Psychologin.» Giselheid hat ihr gesagt, daß wir gleich kommen würden. Sie möchte mir einige Fragen über die Kinder stellen. Thomas geht vorbei und grinst mich vielsagend an. Offenbar ist er bereits interviewt worden. «Kannst du eben nach Kai sehen?», rufe ich ihm nach. Er nickt, und die beiden verschwinden im Spielzimmer.

Ich bitte die Dame nach unten in mein Zimmer – ob ich ihr etwas zu trinken holen könne, einen Kaffee? Höflich lehnt sie ab. Ich setze mich aufs Bett, sie nimmt am Schreibtisch Platz und öffnet ihre Aktentasche. «Wir haben ein paar Fragebögen vorbereitet, die später ausgewertet werden, und ich möchte Sie bitten, mir einige Fragen zu beantworten.» Ich verstehe. Sie nimmt das erste Blatt zur Hand. Detlef – Namen, Geburtstag und Elternhaus, in diesem Falle «Nicht-Elternhaus», hat sie bereits eingetragen. Wahrscheinlich hat sie die Krankengeschichte der Kinder vorher schon in der Hand gehabt. Nun kommen die Fragen: «Nimmt das Kind Augenkontakt auf? – Reagiert es auf Ansprache? – Lacht es einen an?» Dann folgen einfache Dinge des täglichen Lebens: ob das Kind sich selber wäscht, ob es sich selber anzieht, ob es seine Schuhe zubinden kann.

Willig beantworte ich Frage um Frage. Mittenhinein – wir sind gerade bei Oliver – stelle ich eine Frage: «Wollen Sie die Kinder nicht mal sehen?» Völlig erstaunt blickt sie auf: «Nein, das ist nicht nötig, es geht hier nur darum, Fähigkeiten festzustellen.» Also weiter. Wir kommen zu Kai. Erste Frage. Ich schüttle den Kopf, nein. Zweite Frage: Reagiert das Kind auf Ansprache? Ich zögere. «Eigentlich nicht», antworte ich dann, und die Dame macht auf der Nein-Seite ihr Kreuz. Dann wieder nein, nein, nein. Nur manchmal muß ich überlegen, nur manchmal sage ich langsam: «Ich weiß es nicht.» Anziehen? Waschen? Essen? Lesen? Schreiben? Nein...nein...nein. «Dankeschön», sagt die Dame und erhebt sich. «Das waren alle Kinder, die Sie betreuen?» Ich nicke und begleite sie hinauf bis zur Tür. «Auf Wiedersehen.» – «Hoffentlich nicht», sagt eine Stimme in mir. Ich gehe zu den Kindern. Kai hat wieder mal seine Schuhe ausgezogen, er hockt in einer Ecke und heult. Thomas sammelt die Schuhe ein, Oliver schimpft. Ja, da ist er, das ist er: Kai. Die Fragen der Psychologin geistern noch durch meinen Kopf. Was kann das Kind? Oh, ich hätte ihr eine Menge erzählen können, was Kai alles kann. Er kann ins Bett machen, er kann mit Suppe spucken, und er kann Haare ausreißen. Aber alles das kam in ihren Fragebögen nicht vor. Sie hatte nur «normale» Fragen, Fragen, mit denen normale Menschen nach einem normalen Menschen suchen. Plötzlich muß ich laut lachen, denn ich stelle mir die Auswertung dieser Fragebögen vor. Was Kai betrifft ist eigentlich nur ein Ergebnis möglich: Es gibt ihn nicht.

*

Oliver kommt ins Eßzimmer gerast. Er stolpert. Er fliegt fast hin. «Der Kai ißt die ganze Dose leer.» Ein verrückter Gedanke schießt mir durch den Kopf: In der Küche eine offene Konservendose, und Kai ißt, ißt selber. Vorsichtig mache ich die Küchentür auf. «Nein», schreit Oliver, «im Badezimmer.» Ich stürze ins Badezimmer. Da steht Kai, eine Niveacremedose in der Hand, das ganze Gesicht weiß, die Hände voller Niveacreme. Er ist dabei, seine Hände abzulecken, die Niveacremedose fällt zu Boden, rollt in eine Ecke. Oh Kai, wenn ich deine entzündete Rotznase eincremen will, dann schreist du wie am Spieß. Und jetzt schmierst du dich selber ein, von oben bis unten. Das ist ja nicht so schlimm. Schlimm ist nur, daß du dabei angezogen bist. Ich ziehe ihm die verschmierten Kleider aus und hole ein paar Pakete Tempotücher. Während ich ihm die Niveacreme aus dem Gesicht und von den Händen wische, lasse ich Badewasser einlaufen. Kai hält sich am Waschbecken fest und schreit. Die Tränen laufen nur so über sein fettiges Gesicht. Endlich stecke ich ihn in die Wanne. Er reißt mir den Waschlappen aus der Hand und schmeißt ihn in hohem Bogen an die

Wand. Während ich ihn hole, kommt die Seife geflogen. Es ist unmöglich, ihm das Gesicht zu waschen. Schließlich gebe ich es auf, hole ihn aus der Wanne und trockne ihn ab. Dabei muß ich immer aufpassen, daß er mir nicht plötzlich mit den Händen in die Haare fährt. Darum schlinge ich das Badetuch um ihn, so daß seine Arme mit eingepackt sind, und trockne ihn so ab. Neue Kleider aus dem Schrank. Anziehen. Und jetzt kommt das Vergnügen, die Klamotten mit der Niveacreme zu waschen. Ich nehme Kai wieder mit ins Badezimmer, setze ihn auf einen Hocker, und er bleibt auch eine Zeitlang ruhig sitzen. Ich lasse das Wasser so heiß wie möglich ins Becken laufen, aber auch noch beim dritten Mal bekomme ich beim Auswringen ganz schmierige Finger. Ich schmeiße die Sachen in einen Eimer und stelle sie neben die Waschmaschine. Wenn sie da nicht sauber werden, dann fliegen sie halt in den Mülleimer. Irgendwie hatte die ganze Geschichte vielleicht doch einen Vorteil: Kai hatte zum erstenmal selber gegessen, und er hat zum erstenmal etwas Niveacreme auf seine entzündete Nase bekommen.

*

Im Kinderzimmer gibt es nun endgültig keine Gardinen mehr. Nachdem Kai die roten Vorhänge immer wieder runtergerissen hat, weigere ich mich einfach, sie noch mal aufzuhängen. Durch den kahlen Anblick des Fensters fällt mir erst richtig auf, wie dreckig die Scheiben sind. Ich bewaffne mich mit Lappen und Sidolin und gehe an die Arbeit. Dummerweise scheint die Morgensonne genau ins Zimmer und zeigt mir immer wieder neue Schmierstreifen. Nicht mal zum Fensterputzer tauge ich – ärgerlich knalle ich den Lappen auf die Fensterbank und hole den Staubsauger. Der Teppich ist inzwischen getrocknet, aber immer noch erinnern mich hellbraune Flecken an das, was ich heute morgen, was ich gestern früh, was ich jeden Tag hier vorgefunden habe. Oh Kai, was soll ich nur machen? Vielleicht wäre ich doch besser Fensterputzer geworden, das soll es als Ersatzdienst ja auch geben.

Auch jetzt, wo die Kinder in der Schule sind, werde ich sie nicht los. Jeder Handgriff bringt mich wieder mit ihnen zusammen. Vor allem Kai ist da, ununterbrochen, mit den zerrissenen Gardinen, mit den Flecken auf dem Teppich, mit der dreckigen Wäsche, die im Eimer schwimmt. Ich gehe zu Giselheid in die Küche, schaue ihr beim Kochen zu, rauche eine Zigarette. «Wie viele Katzen haben wir jetzt eigentlich?» frage ich, um auf andere Gedanken zu kommen. Im Grunde interessiert es mich überhaupt nicht, aber die Milchschüssel am Boden neben der Tür hat mich auf diese Frage gebracht. «Drei», antwortet Giselheid. «Zwei», denke ich, «nicht Katzen, aber Plastikteller. Der andere gehört Kai. Kai kratzt auch, aber die Katzen sind wenigstens sauber.» Giselheid weckt mich aus meinen unsinnigen Überlegungen: «Willst du nicht die Kinder von der Schule abholen? Es ist doch längst Zeit.» – «Oh ja.»
Ich muß nicht weit gehen. Gleich vor der Haustür liegt Oliver auf der Erde und wimmert vor sich hin. Ein paar Meter weiter steht tränenüberströmt Detlef. Kai drückt sich mit bebenden Knien an die Hauswand, er heult auch. Ich kann mir zusammenreimen, was passiert ist: Kai wird Detlef erwischt haben, und Oliver wollte sicher ins Haus stürzen, um mich zu holen. Aber dabei ist er natürlich der Länge nach hingeflogen, wie immer, wenn er es zu eilig hat. Ich helfe ihm hoch und lasse ihn im Kinderzimmer die Hosen ausziehen. Es muß ein richtiger Sturzflug gewesen sein, denn beide Knie sind aufgeschlagen. Ich hole Jod, und Oliver brüllt schon beim Anblick der Flasche. Rasch tupfe ich seine Knie ab, um ihn möglichst wenig zu quälen. «Oliver, du weißt doch genau, daß du hinfliegst, wenn du zu schnell rennst.» Unter Tränen stottert er: «A-aa-ber K-K-Kai...» Ich lege meinen Arm um seine Schulter: «Jetzt sprich mal ganz langsam», aber die Worte ersticken in seinem Schluchzen. «Aber Kai» – wo ist er? Er steht noch genauso draußen an der Hauswand, mit zitternden Knien und verheultem Gesicht. Ich hole die Zwangsjacke, und wir gehen zu Tisch. Detlef fehlt, er ist spurlos verschwunden. Erst eine halbe Stunde nach dem Mittagessen taucht er wieder auf. Mit niedergeschla-

genen Augen kommt er in die Küche und stößt stockend hervor: «Ich habe Hunger.» Giselheid legt die Spülbürste beiseite und geht an den Herd. Wir fragen Detlef nicht, wo er gewesen ist. Ich möchte ihm tröstend über den Kopf streicheln, doch ich weiß, daß er meiner Hand ausweichen würde, als hätte ich sie zum Schlag erhoben. Wir lassen ihn essen, aber schon bald schiebt er den Teller weg und verschwindet in Richtung Kinderzimmer. Genauso schnell ist er auch wieder da: «Hartmut, der Kai...» – «Ich weiß.»
Ich habe das Bett abgezogen, ich habe Kai geduscht, und ich habe die Schnauze voll. Ich feuere das triefende Scheuertuch ins Waschbecken und trete wütend gegen die Waschmaschine. Daß Giselheid in diesem Augenblick hereinkommt, bringt mich wieder zur Vernunft. «Ich hab' uns einen Kaffee gekocht, komm zu mir ins Zimmer.» Betreten folge ich ihr. Jetzt werde ich wohl zu hören bekommen, was ich alles falsch mache. Ganz tief in meiner Bangigkeit regt sich jedoch leise die Hoffnung, daß sie mir sagen wird, was ich richtig machen kann. Sie gießt Kaffee ein und reicht mir den Zucker rüber, dann beginnt sie zögernd zu sprechen: «Ich mache mir Sorgen um Oliver. Der hat früher eigentlich nie gestottert, und er ist auch nie so oft hingefallen. Es ist bald so weit, daß er keinen einzigen Satz mehr heil rausbringt. Er kommt mir vor wie ein Tier auf der Flucht. Und du weißt genausogut wie ich, wovor. Was sich da mit Kai abspielt, das hält kein Kind aus, nicht mal ein normales. Das halten ja nicht mal wir Erwachsenen aus.» Sie hat Tränen in den Augen. Den nächsten Satz sagt sie so, als wäre er ihr eben eingefallen, aber ich weiß, daß sie seit Tagen mit diesem Satz gerungen hat. «Wir müssen die Gruppe auflösen.»
Ich starre in meine Kaffeetasse. Sie hat recht, und es geht nicht nur um Oliver. Auch Detlef hat sich erschreckend verändert. Seine Augen bekommt man nur noch selten zu sehen, er weicht uns aus und er spricht so gut wie überhaupt nicht. Daß er sich heute Mittag so verkrochen hat, ist ein alarmierendes Zeichen. «Wenn wir wenigstens einen Tausch machen könnten», nimmt Giselheid ihren Gedanken wieder auf, «daß wir zum Beispiel

Monika für eine gewisse Zeit zu Kai ins Zimmer tun.» Ich zögere. Bei autistischen Kindern hat man zwar immer den Eindruck, daß sie nichts von dem mitbekommen, was um sie herum vorgeht. Aber ich frage mich, ob die fehlenden Reaktionen ein Beweis dafür sind, daß sie wirklich nichts aufnehmen. «Sicher», unterbricht Giselheid, «ich meine nur, daß es wichtig ist, daß Oliver und Detlef vorläufig nicht mehr dauernd mit Kai zusammen sind. Oder wir müssen uns was anderes einfallen lassen. Aber wir haben nicht so viele Zimmer, daß wir Kai alleine legen können. Überleg es dir mal», sie steht auf, «es muß nicht heute sein, aber es muß bald sein, so bald wie möglich.»
Wir tragen das Geschirr in die Küche. Ich fühle in mir die bittere Gewißheit, daß es keine Lösung gibt. Jedenfalls ist mir klar, daß ich unfähig bin, eine zu finden. Ich will das Problem nicht auf andere abwälzen, aber ich bin der Verantwortung nicht mehr gewachsen. Darum schlage ich vor, daß wir noch mit Joachim und Thomas darüber sprechen sollten. Vielleicht haben die eine Idee. «Gut», sagt Giselheid, «heute abend ist Joachim bei der Lehrerkonferenz, aber morgen...» Es ist Zeit, die Kinder aufstehen zu lassen. Meine Beine sind wie gelähmt auf dem Weg zum Kinderzimmer.

*

Gleichmäßig und fein fällt der Regen aus einem endlosen grauen Himmel. Es regnet, schon den ganzen Tag, schon die ganze Woche. Und Regentage sind die schlimmsten. Da müssen die Kinder im Haus bleiben, und da ist es fast unmöglich, Kai von den anderen Kindern fernzuhalten.
Der Nachmittag verläuft chaotisch. Kai schmeißt seine Schuhe durch die Gegend und trifft Uli genau am Knie. Der kleine Spastiker weint und fuchtelt mit den Armen. Ich versuche, ihn zu beruhigen. Detlef sammelt Kais Schuhe ein und will sie ihm wieder anziehen. Kai hat sich in eine Ecke gehockt und guckt ängstlich. Sein Blick flackert, die Hand schlägt gegen die Lippen. «Laß ihn», sage ich noch zu Detlef, da hat Kai ihn schon bei den

Haaren. Ich springe hin, halte Kais Hände fest, bis der Krampf sich löst.

Detlef schreit. Kai heult. Ich schicke ihn ins Kinderzimmer. Er will nicht. An den Händen ziehe ich ihn hoch und versuche, ihn hineinzuschieben. Er läßt sich fallen, schreit. Ich tröste Detlef, aber ich merke, wie er sich verschließt. Er hört auf zu weinen, weil er nicht getröstet werden will, weil er nicht gestreichelt werden will.

«Ich brauche unbedingt Tempotücher», sage ich laut zu mir selber, und Detlef geht ins Badezimmer und holt sie. Ohne mich anzuschauen, hält er mir das Päckchen hin. Dick läuft der Rotz über Kais Oberlippe, er leckt ihn ab, schmiert ihn mit der Hand durchs Gesicht. «Komm, Nase putzen», aber seine Hände fahren hoch, er hält sich das Gesicht zu, schmiert Rotz und Tränen in den Pulloverärmel. Ich drücke seine Hände runter und kann ihm gerade einmal mit dem Taschentuch über den Mund fahren.

Für ein paar Minuten kehrt Ruhe ein. Friedliches Klappern der Bauklötze, Ulis unbeholfene Versuche, zu sprechen. «Haus», sage ich ihm vor, und er braucht lange, bis seine Zunge ihm gehorcht. Ich lege meine Hand auf seinen zappelnden Arm, und mit großer Anstrengung sagt er «Aus».

Kai steht auf, hat im selben Moment drei Bauklötze in der Hand, sie knallen gegen das Fenster. Die Scheibe bleibt heil, Kai flüchtet erschreckt in seine Ecke. Ich sehe, wie sich die hellgraue Hose zwischen seinen Beinen dunkel färbt. Naß. Hosen holen, Kai ins Badezimmer bringen.

Er kneift mich in den Arm, läßt nicht mehr los, schreit. Es dauert eine halbe Stunde, bis er endlich gewaschen und wieder angezogen ist.

An der Tür zum Spielzimmer hält sich Oliver fest. Zu spät, Kai hat schon sein linkes Ohr gepackt. Ich drücke Olivers Kopf und Kais Hand fest gegeneinander. Oliver weint nicht, er schreit nur Kai an: «Kai, du bist ein Teufel!» Kai weint.

Es ist der dreiundzwanzigste Tag. Der dreiundzwanzigste Tag mit Kai, der dreiundzwanzigste Tag, an dem ich bete, daß es endlich Abend wird. Die halbe Stunde bis zum Abendessen kommt mir wie eine Ewigkeit vor. Endlich höre ich den Gong in der Halle. Sein Klang ist wie eine Erlösung. Uli mit Rollstuhl ins Eßzimmer schieben, Kai anbinden. Ich halte seine Beine fest und schiebe ihn mit der Brust gegen den Tisch. Ich gieße Tee ein. Kai dreht sich blitzschnell auf seinem Stuhl nach rechts und kriegt das linke Bein auf den Tisch. Tassen fliegen, ein Teller. Ich drücke sein Bein wieder nach unten und rücke ihn noch näher an den Tisch. Kai arbeitet in seiner Zwangsjacke. Ich mache ihm ein Leberwurstbrot, schneide eine Ecke ab, halte sie ihm vor den Mund. Er dreht den Kopf weg. «Komm, mach den Mund auf», aber er macht den Mund nicht auf. Ich versuche, mit der rechten Hand seine Kiefer auseinanderzudrücken, schiebe das Stück Brot in seinen Mund. Kai spuckt, schreit, es ist sinnlos. Ich warte.

«Willst du was trinken?» frage ich und halte ihm den Plastikbecher hin. Trinken will er. Einen gierigen Schluck, noch einen, dann schiebt er den Kopf vor und drückt mit dem Kinn den Becher weg. Das Abendessen ist beendet. Zwei Schluck Tee.

Ich schicke Oliver und Detlef ins Badezimmer, ziehe Kai aus. Dann setze ich ihn auf die Toilette. «Kai, Klo», sage ich. Eine halbe Stunde. «Mach was...» – «Klo.» Er macht nichts. Oliver und Detlef sind inzwischen im Kinderzimmer verschwunden. Ich nehme Kai ins Badezimmer, versuche, sein Gesicht zu waschen. Es geht nicht. Mit entzündeter und verrotzter Nase schicke ich ihn zu Bett.

Im Kinderzimmer riecht es nach Schwefel. «Oliver, hast du Streichhölzer?» frage ich streng. «Nein», sagt er. Unter dem Bett finde ich ein paar abgebrannte Hölzer. «Und was ist das?» – «Das waren die letzten», sagt Oliver. Du Gauner, denke ich. «Wehe, es passiert was!»

Gute Nacht, Detlef, paß ein bißchen auf; gute Nacht, Oliver, versprich mir, nicht zu kokeln. Gute Nacht, Kai – ich weiß nicht, worum ich ihn bitten soll.

Im Eßzimmer müssen die Tische abgewischt werden, der Boden muß gekehrt werden. Ich lasse die Tür offen, nach fünf Minuten

höre ich, wie die Kinderzimmertür aufgeht. Kai läuft ins Badezimmer. Er hat sich schon wieder ausgezogen, ist splitternackt. Ich stelle den Besen hin, renne ihm nach. Der Wasserhahn läuft schon. «Du weißt genau, daß abends kein Wasser getrunken wird.» Er flüchtet ins Kinderzimmer. Ich drehe den Wasserhahn zu, folge ihm. Die Matratze liegt auf der Erde, das Laken, der Pyjama. Kai sitzt im Schneidersitz auf dem Lattenrost. Detlef und Oliver haben die Augen geschlossen, sie sind hellwach. Ich ziehe Kai an, räume das Bett ein, gehe ins Eßzimmer.
Neun Uhr. In der Küche rauche ich eine Zigarette, warte auf das Klicken der Türklinke. Ich warte nicht lange. Diesmal erwische ich ihn im Flur. Nackt. Das Bett ist wieder ausgeräumt. Viertel vor zehn, das gleiche. Ich warte bis zwanzig nach zehn. Diesmal schicke ich ihn aufs Klo. Kein einziger Tropfen. Ich nehme ihn an der Hand und bringe ihn ins Kinderzimmer. Der Pyjama auf der Erde ist naß. Ich hole einen neuen. Oliver und Detlef schlafen jetzt tief. Leise ziehe ich Kai an, räume das Bett ein. Als ich ihn zudecken will, reißt er die Hände hoch und greift mit beiden Daumen in meine Nasenlöcher. Handgelenke packen, warten bis der Krampf nachläßt. Ich habe das Gefühl, daß er mir die Nase auseinanderreißen wird. Nach einer Ewigkeit läßt er los. Ich gehe zur Tür. «Was ist?» fragt Detlef neben mir. «Nichts, schlaf weiter.»
Im Flur bleibe ich stehen, ich weiß nicht, wo ich hin soll. Ich weiß nicht, was ich machen soll. In mir ist es leer, ausgebrannt. Keine Verzweiflung, keine Wut, nichts. Ich fühle überhaupt nichts, spüre nur, wie etwas Blut über meine Oberlippe läuft. Ich wische es nicht ab, mache überhaupt nichts, stehe da wie betäubt. Giselheid kommt vorbei. Erschreckt schaut sie mich an, dann legt sie mir die Hand auf den Arm und sagt leise: «Du wirst es schon schaffen.» In diesem Augenblick kommen die Tränen, laufen mir einfach übers Gesicht. Ich weine ja nicht, ich bin doch viel zu fertig, um noch zu weinen.
Ich drehe mich um, gehe hinaus in den Regen, gehe den Weg entlang ins Dunkle hinein. «Du wirst es schon schaffen.» Ich werde es nie schaffen, nie, nie, nie…

Unerwartete Wende

Ich muß stundenlang gegangen sein, denn im Osten steigt schon ein zaghaftes Grau über den Wald herauf. Ich bin nur gegangen, habe nichts gedacht, habe nichts mehr denken können. Nur weiter, den Regen im Gesicht. Ich bin eigentlich nicht einmal weggelaufen, wie im Traum bin ich der glänzenden Landstraße gefolgt. Ich wußte nicht wohin, wußte auch nichts mehr von Kai. In mir waren alle Lichter ausgegangen.
Das kleine Dorf vor mir schläft noch. Kein Mensch, kein Hund, keine Katze. Nirgends der erste Schrei eines Hahnes. Nur der kleine Brunnen am Straßenrand sprudelt durch die Stille. Aus einer hölzernen Säule plätschert das Wasser in ein langes schmales Steinbecken. Große Milchkannen stehen im kalten Wasser. Ich bin erschöpft, müde und durch und durch naß, und ich möchte etwas Milch trinken. Sie muß kühl sein und frisch. Ich ziehe von einer Kanne den Deckel ab und schöpfe mit beiden Händen. Es ist reine Sahne die oben schwimmt. Ich kann sie nicht trinken, kann sie nur von meinen Händen ablecken. Ich schaue auf meine weißen Hände und sehe plötzlich Kais Hände vor mir: weiß, genauso weiß wie meine, Kais Niveacremehände. Meine Hände sind Kais Hände. Ich lecke sie ab, ich bin Kai. Unter dem kalten Wasserstrahl versuche ich das Fett abzuwaschen, die Hände bleiben fettig. Ich muß zurück. Ich muß mich beeilen. Vielleicht komme ich schon zu spät, um die Kinder zu wecken. Ich weiß ja gar nicht, wie weit ich gelaufen bin. Ich weiß nicht einmal, wo ich bin.
Ich gehe schneller, in den Bäumen erwacht hier und da ein Zwitschern. Und jetzt kommen die Gedanken zurück, Fragen und immer mehr Fragen. Wie soll es weitergehen? Kann es nicht doch einmal anders, einmal besser werden? So jedenfalls

kann es nicht weitergehen. Nicht für Kai und nicht für mich. Und dann kommt immer wieder die eine bohrende Frage: Was habe ich falsch gemacht? Ich versuche mich zu erinnern, an gestern, an vorgestern, an den ersten Tag mit Kai. Stationen ziehen an mir vorüber: Eßzimmer, Badezimmer, Kinderzimmer. Und überall Kai und überall Tränen. Ausgerissene Haare, Blut, Kot und immer wieder Tränen. Nein, ich habe nichts falsch gemacht. Es ist viel schlimmer: Ich habe alles falsch gemacht. Diese Erkenntnis trifft mich wie ein Schlag. Ich bleibe stehen. Wenn alles falsch war, was kann ich dann jetzt noch machen? Die Antwort ist einfach, sie verblüfft mich selber: nichts. Schlicht und einfach: nichts. Zweifel kommen: Aber Kai darf doch nicht... Doch! Kai darf! Er darf spucken, er darf mit Schuhen schmeißen, er darf Gardinen runterreißen, und er darf sein «großes Geschäft» fressen. Ich werde nicht mehr auf ihn aufpassen, nur noch auf die anderen Kinder, damit sie ihm nicht zu nahe kommen. Ab heute darf Kai alles.

Irgendwo hinter den Wolken ist jetzt die Sonne aufgegangen. Ich gehe schneller, um wieder zu meinen Kindern zurückzukommen. Ich gehe schneller, um wieder zu Kai zurückzukommen. Ich bin neugierig auf ihn..., und ich bin neugierig auf mich.

*

Im Badezimmer fliegen schon die Zahnputzbecher durch die Gegend. Oliver kniet am Boden und sammelt Zahnbürsten, Becher und Zahnpastatuben auf. Detlef schimpft mit Kai: «Das darfst du nicht...» – «Doch», unterbreche ich ihn, «er darf das. Laß nur liegen», sage ich zu Oliver, «das mach ich schon.» Er zieht sich an der Badewanne hoch. Detlef steht ratlos am Waschbecken. «Habt ihr euch schon gewaschen?» Sie nicken. «Gut, dann zieht euch jetzt an.» Nackt und zitternd steht Kai an der gekachelten Wand. Ich lege einen Waschlappen auf den Rand des Waschbeckens und sage ruhig: «Du kannst dich auch waschen.» Zögernd löst er sich von der Wand, tippelt zum

Bekken. Ganz schnell hält er sich den Waschlappen mit beiden Händen vors Gesicht, schmeißt ihn weg und will zur Tür. «Und abtrocknen?» frage ich. Er greift nach dem nächsten Handtuch, drückt kurz sein Gesicht hinein. Ich zeige auf seine dreckigen Finger, an denen die üblichen braunen Spuren kleben. «Die mußt du auch waschen.» Und während er den Hahn aufdreht und unter dem Wasserstrahl in die Hände klatscht, wasche ich ihm vorsichtig den Po. Dann reibe ich noch seine Hände gegeneinander, er läßt es geschehen. Abtrocknen. Fertig.
Ich schaue nach, wo die anderen Kinder sind, lege Kai wortlos seine Kleider hin. Er fängt ganz richtig mit der Unterhose an, fährt nur ins falsche Bein. Macht nichts. Ich tue so, als wenn ich aufräumte; er zieht das Unterhemd über den Kopf. Mit der Hose hat er wieder ein bißchen Schwierigkeiten. Aber ich helfe ihm nicht. Schließlich zieht er den Pullover an. Es dauert lange, bis er sich darin zurechtfindet. Strümpfe. Schuhe, ich halte sie ihm hin, aber er schiebt sie weg. Auch gut. Auf Strümpfen läuft er in den Flur und wartet an der Tür zum Eßzimmer auf die Zwangsjacke. Hinsetzen. Ich gieße Kakao in seine Tasse, lege ein Marmeladenbrot auf seinen Teller, lasse es liegen, esse selber. Kein Versuch, ihn zu füttern, keine Frage, ob er essen will. Nach einer Weile beugt er den Kopf runter und schiebt mit der Zunge das Brot vom Teller. Ich nehme es, halte es ihm hin. Er macht den Mund auf, beißt hinein. Ich lege das Brot weg, warte, höre auf sein Schmatzen. Beim dritten Bissen geht die Spukkerei wieder los. Ich lege das Brot weg, schiebe den Teller zur Seite. Nach einer Weile lasse ich ihn ein paar Schlucke trinken. Die erste Mahlzeit ohne Tränen und ohne Geschrei.
Beim Schuheanziehen – er sitzt auf dem Bett, ich knie vor ihm – greift er mir in die Haare, zieht. Es tut weh, ich gebe mit dem Kopf seiner Bewegung nach, fasse aber nicht hin. Er schreit ein bißchen, dann läßt er los. Später in der Schule ziehe ich ihm als erstes die Schuhe aus. «Wenn ich dich abhole, bekommst du sie wieder.» Er wird heute nicht mit Schuhen schmeißen.
Der Tag verläuft ruhig. Vor dem Mittagessen hat Kai mich noch mal gekniffen, aber ich bin weitergegangen, und er hat

losgelassen. Ich habe nur darauf geachtet, daß keine beweglichen Sachen in seiner Nähe waren, daß ihm keine Kinder zu nahe kamen. Als Detlef am Nachmittag zur Tür wollte, habe ich ihn gerufen. Er hätte an Kai vorbeigehen müssen. «Willst du in die Küche?» – «Nein, aufs Klo.» – «Ach so», sage ich, «dann hole ich den Tee für Uli selber.» Ich begleite Detlef nur bis zur Tür, lasse ihn gehen. Warte. Er kommt mit einer Tasse Tee zurück. Ich gebe Uli etwas zu trinken. Da steht Kai auf und kommt näher. Ob er auch etwas trinken möchte? Ich halte ihm den Becher hin. Ein Schluck, dann reißt er mir den Becher aus der Hand und schmeißt ihn weg. Detlef hebt ihn auf und bringt ihn zurück in die Küche.

Wir sitzen beim Abendessen. Kai hat ein bißchen Brot gegessen, bis jetzt hat er noch nicht gespuckt. Uli brabbelt vor sich hin, Oliver erzählt von der Schule. Auf einmal richtet sich Kai auf und sagt: «Klo.» Totenstille. Alle haben es gehört. Ich spüre nur meinen Magen, wie damals vor dem Abitur, wie vor der Aufnahmeprüfung an der Hochschule. Während ich Kai losbinde, sehe ich, wie meine Hände zittern. Immer noch diese Stille, keiner sagt etwas, keiner rührt sich. Kai läuft zur Tür. Hinter mir höre ich, wie das Klappern der Löffel wieder einsetzt.

Auf dem Klo ziehe ich ihm die Hosen herunter. Er setzt sich hin und drückt. Er macht sein großes Geschäft. Ich wische ihn ab, ziehe ihm die Hose hoch. Zum erstenmal nimmt er meine Hand, zieht mich zum Eßzimmer, drückt die Klinke runter. Stille. Alle schauen uns an. Während ich Kai wieder anbinde, sage ich leise in die Stille hinein: «Er hat was gemacht.» Ich bringe es kaum heraus. Es ist der schwerste, es ist der schönste Satz, den ich in meinem Leben sagen durfte.

*

Am nächsten Morgen weiß ich nicht recht, ob ich staunen soll oder ob ich das insgeheim erwartet habe: Kais Bett ist sauber. Er hat zwar naßgemacht, aber das ist nicht so schlimm, das tun die meisten Kinder. Ich versuche, meine Freude nicht zu zeigen, und schicke ihn aufs Klo. Er zottelt auch gleich los und setzt sich hin. Ich nehme seine nasse Hose mit und lasse ihn allein. Er soll sehen, daß ich jetzt Vertrauen zu ihm habe. Einige Minuten später muß ich leider feststellen, daß es ein wenig zu viel Vertrauen war. Kai hat versucht, sich den Po abzuwischen, allerdings ohne Klopapier. Nun steht er mit vollgeschmierten Händen da und schaut mich ängstlich an. Nein, ich schimpfe nicht, eigentlich gibt es auch keinen Grund. Mit Klopapier umzugehen muß schließlich jedes Kind erst lernen. Ich reiße zwei Blatt ab und wische ihm den Po ab. Er bückt sich sogar ein bißchen. «Die Finger kann man ja waschen», sage ich beiläufig, und Kai begreift. Die Hände weit von sich streckend, geht er ins Badezimmer und dreht den Wasserhahn auf. Er hält die Hände unter das heiße Wasser und reibt sie aneinander. Natürlich werden sie nicht ganz sauber. Ich überlege, ob ich ihm helfen soll. Nein, auch wenn die Hände dreckig bleiben, auch wenn das Handtuch ein paar braune Spuren bekommt – Kai ist auf einem ganz wichtigen Weg, und den muß er alleine gehen. Er trocknet sich die Hände ab und will in Richtung Flur. «Zähne putzen», rufe ich ihm nach, und er kehrt tatsächlich um. Es macht nichts, daß er die Zahnbürste nur ablutscht. So lange habe ich sie noch nie in seinem Mund gesehen. Und daß da Zahnpasta draufgehört, werden wir auch noch lernen. Dann, im Zimmer, schaue ich ihm zu, wie er mit seiner Unterhose kämpft. Nachdem er zweimal mit beiden Beinen durch dasselbe Loch wollte, schafft er es. Während sein Kopf und seine Arme später im Pullover nach Ausgängen suchen, überkommt mich ein berauschendes Gefühl: Die Tür ist auf, der Weg ist frei, wir haben es geschafft. Wir? Ich komme mir plötzlich ein bißchen dumm, ja ich komme mir irgendwie schuldig vor. Schuldig an allem, was bis zu diesem Tag mit Kai passiert ist. In mir regt sich der Wunsch, mich bei ihm zu entschuldigen. Und da ich das nicht mit Worten tun kann, mache ich aus dieser Regung heraus anscheinend schon wieder einen Fehler: ich helfe ihm. Er ist gerade dabei, seine Jeans hochzuziehen, und weil ich sehe, daß er sie nicht alleine zumachen kann, bücke ich mich hinunter und will ihm den

Reißverschluß hochziehen. Im selben Moment überfällt mich die Angst vor seinen Händen, gleich ist er an meinen Haaren oder an meinen Ohren, es ist zu spät. Da legt Kai mir die Hände auf den Kopf, ganz flach, ganz behutsam. Er tut mir nichts, er streichelt mich auch nicht. Ich fühle nur das Gewicht seiner kleinen Hände. Unter dieser Berührung erschrecke ich fast noch mehr, als wenn er mich gekratzt oder an den Haaren gezogen hätte. Als hätte er mich verletzt, weiche ich unter seinen Händen zurück und richte mich auf. Ich fühle es, das ist der Schmerz einer ersten, großen Liebe. Ich habe versucht, Kai freizulassen, nun bin ich ganz an ihn gebunden.

*

Die Sonne scheint. Ich hole Kai von der Schule ab. Detlef und Oliver sind schon vorausgelaufen. Ich habe Kai an der Hand, und er wackelt neben mir her. Auf einmal bleibt er stehen. Er läßt meine Hand los. Er legt seine kleine Hand auf meine Brust und sagt: «Japu.» Ich schaue ihn an, ich weiß jetzt, daß ich Japu heiße. Ich sehe die Sonne in Kais Augen, und ich sehe, wie er lacht. Ich richte mich auf und atme tief. Ganz verschwommen sehe ich in der Ferne die Berge. Ich spüre es am ganzen Körper, daß Kai meinen Namen gesagt hat. Ich habe nicht gewußt, daß Glück so wehtun kann.

*

Meine Kerze flackert in der Nachtluft, die durch den Fensterspalt ins Zimmer hereinkommt. Es ist Mitternacht, Thomas schläft schon, im Haus ist es still. Ich versuche an Kais Eltern zu schreiben. Es ist ein schwerer Brief, denn ich fühle mich verpflichtet, auch all das Schreckliche zu berichten, das geschehen ist, und nicht nur von den «Erfolgen» zu erzählen. Ich ringe mit jedem Satz, schrecke vor einzelnen Wörtern zurück und schreibe sie erst nach langem Zögern hin. Daß dieser Brief kein «schöner» Brief werden würde, das war mir schon vorher klargewe-

sen. Also entschließe ich mich, die Dinge beim Namen zu nennen.
Langsam und zögernd wiederhole ich eine Geschichte, die nur drei Wochen gedauert hat und die mir doch so endlos erschienen ist. Zwischendurch frage ich mich, ob ich da nicht lauter überflüssige Dinge berichte. Daß Kai gekratzt hat, daß er geschrien hat und daß er die Hosen vollgemacht hat, ist für seine Eltern mit Sicherheit nichts Neues. Ich versuche auch nicht in Einzelheiten zu gehen, aber ich gehe so weit, daß ich zugebe, daß Kai und ich beinahe aneinander zerbrochen sind. Daß unser Leben eine Hölle war, nein, zwei Höllen, zwischen denen kein Weg hinüberführte.
Dann wird mir das Schreiben leichter, denn ich kann jetzt die erfreulichen Dinge schildern, die kleinen Wunder, die sich von Tag zu Tag ereignet haben und ereignen. Daß Kai nicht mehr ins Bett macht, daß er angefangen hat zu sprechen, daß er meinen Namen gesagt hat. Dann schreibe ich, daß es mir leid tut, wenn ich in den ersten Wochen Fehler gemacht habe, wenn ich Kai falsch behandelt habe. Aber ich weiß – und das sage ich ganz deutlich, weil es mir besonders am Herzen liegt –, ich weiß: Kais Eltern müssen sich jetzt keine Sorgen machen. Das Schlimmste ist überstanden. Es wird weiter bergaufgehen, Kai wird weiter Fortschritte machen.
Noch einmal lese ich den Brief durch, und ich finde, daß es doch ein schöner Brief geworden ist, denn zwischen den Zeilen blüht eine Hoffnung, mit der wir weiterleben können. Ich habe das Gefühl, daß es eigentlich ein Liebesbrief an Kai ist, was ich da geschrieben habe. An meinen Kai, an unseren Kai. Mit klopfendem Herzen klebe ich den Umschlag zu. Dann lösche ich die Kerze aus und krieche unter meine Decke. Noch lange liege ich wach, in meine letzten Gedanken dringt von draußen das erste Gezwitscher der Vögel.

*

Beim Frühstück stellen wir fest, daß Uli entzündete Augen hat. Sie sind ganz rot, und es sieht aus, als ob er sehr geweint hätte.

Thomas vermutet, daß er wahrscheinlich Zug bekommen hat, und sofort mischt sich Detlef mit seinem unfreiwilligen Humor ein: «Der geht auch nie zur Seite, wenn ein Zug kommt.» Wir Erwachsenen lachen. Auch Kai lacht, obwohl er Detlefs ungewollten und doch so ernstgemeinten Witz natürlich nicht verstanden hat. Ich glaube, daß er jetzt lacht, weil ich lache oder weil wir alle lachen. Zum erstenmal sehe ich ihn so fröhlich. Sogar das Essen scheint ihm heute Spaß zu machen, denn er kommt mir mit dem Kopf entgegen, wenn ich ihm sein Marmeladenbrot hinhalte. «Willst du noch ein Brot?» frage ich ihn, und er sagt tatsächlich: «Ja.» Aber nachdem er die Hälfte davon gegessen hat, mag er nicht mehr. Ich befreie ihn aus seiner Zwangsjacke und schicke ihn ins Badezimmer. Er hat schon wieder eine Rotznase. «Nase putzen», fordere ich ihn auf und halte ihm ein Tempo-Taschentuch hin. Er nimmt es auch und fährt sich damit über die Oberlippe. «Richtig schnauben, komm.» Er versucht es, aber der Rotz geht nicht ins Taschentuch, sondern in seine Hand. Hilflos streckt er sie mir hin. «Das kannst du abwaschen», lache ich. Es ist wichtig, daß ich ihm jetzt nicht helfe. Er soll möglichst viel alleine machen, und er tut es auch. Nun bitte ich ihn noch, das Taschentuch aufzuheben und in den Papierkorb zu werfen. Auch das klappt. Gut – es ist Zeit, ihn in die Schule zu bringen. Ich hole seinen Anorak, und wir marschieren los.

Unterwegs treffen wir Detlef, der Uli im Rollstuhl vor sich herschiebt. «Wo hast du denn Oliver gelassen?» frage ich ihn. «Der macht schon Schule», sagt Detlef. Er erwischt einfach bei jedem Satz mit den richtigen Wörtern den falschen Sinn. «Womit?» will ich wissen, aber Detlef versteht weder seinen noch meinen Witz. Dann trennen sich unsere Wege.

Im Klassenzimmer setzt Kai sich gleich auf seinen Stuhl in der Ecke. Sicherheitshalber ziehe ich ihm doch die Schuhe aus. Ich will gerade gehen, da steht er auf und läuft mir auf Strümpfen nach. Verwundert schaue ich ihn an. Er fährt mit der Hand flüchtig über meinen Arm und sagt: «Hamu.» Dann dreht er sich schnell um und läuft zu seinem Stuhl zurück. Japu, Hamu –

jetzt ist es bis zu meinem richtigen Namen gar nicht mehr so weit. Auf dem Rückweg merke ich, daß ich mich schon darauf freue, Kai nachher wieder abzuholen.

*

«Danke, Hubert!» Ich habe ihn auf der Treppe zum Haupthaus getroffen. Strahlend hat er mir seinen Zeigefinger in den Bauch gerammt und gestottert: «H-h-heute d-d-d-deine Mutter Ge-ge-burtstag.» Noch mal: «Danke, Hubert!» – ich hatte es total vergessen, habe keinen Brief geschickt, keine Blumen, nichts. Ich lasse ihn verdutzt auf der Treppe stehen und renne los; ich muß dringend telefonieren.

*

Thomas hat seinen klapprigen grünen VW fast bis an die Haustür gefahren. Am Wochenende war er bei seinen Eltern, jetzt packt er kistenweise Bücher aus. Ich möchte bloß wissen, wann er die alle lesen will. «Soll ich dir helfen?» frage ich ihn auf der Treppe. «Geht schon», sagt Thomas, «sind ja nur noch zwei.» Während ich mir einen Karton schnappe, ziehe ich ihn auf: «Ich meine doch nicht beim Tragen, ich meine beim Lesen.» – «Ach, das schaffe ich schon», meint Thomas. «Wann denn?» – «Nachts zum Beispiel», sagt er. Ich schweige. Thomas ist noch nicht so lange hier, er weiß noch nicht, wie kurz hier die Nächte sein können. Daß einem manchmal die Augen schon zufallen, bevor man selber todmüde ins Bett fällt. Oder daß es Nächte gibt, in denen die Kinder ihr schweres Los in uns weiterträumen, wo sie in unsere Augen ihre Angst streuen, daß wir erschreckt in die Dunkelheit starren und unser Herz klopfen hören. Ich stelle den Karton aufs Bett. Doktor Faustus, Glasperlenspiel, Andorra – eine Schatzkiste –, ich glaube, ich werde Thomas doch ein bißchen helfen beim Lesen. Aber nicht jetzt, denn eben ertönt der erste Gong zum Abendessen.
«Dann wollen wir mal die Kinder einsammeln», sage ich, aber

Thomas ist schon draußen. Er bringt zwei leere Kartons in den Keller. Kai und Monika sind nicht schwer zu finden, denn wenn irgendwo ein Auto ist, sind die beiden mit Sicherheit auch da. Richtig. Kai ist schon hineingekrabbelt, er hockt auf dem Fahrersitz und kurbelt am Lenkrad. «Komm, Spatzli, es gibt Essen». Freiwillig klettert er heraus und nimmt meine Hand. «Warte», sage ich, «wir nehmen die Monika auch gleich mit.» Sie steht auf der anderen Seite des Wagens und drückt das Gesicht und beide Hände an die Fensterscheibe. «Monika, komm», aber sie rührt sich nicht, hat wieder einen regelrechten «Autorausch», in dem sie nicht gestört werden will. Ich nehme ihren Arm, sie stößt einen spitzen Schrei aus und klammert sich am Türgriff fest. «Wir müssen zum Abendessen», aber sie hört mich überhaupt nicht. Also nehme ich sie bei den Schultern und versuche, sie wegzuziehen. Im selben Moment fängt sie hysterisch an zu schreien, läßt sich auf den Boden fallen und schlägt mit Armen und Beinen um sich. Ein richtiger Anfall. Ich lasse sie eine Weile schreien und schaue ihr ruhig zu. Aber sie hört überhaupt nicht mehr auf. Schließlich packe ich sie, stelle sie auf die Beine, sie will sich wieder fallenlassen, schreit noch lauter. Da hole ich aus und klebe ihr eine. Die Ohrfeige wirkt, als ob man ein Radio abgestellt hätte. Stille, augenblicklich, kein einziger Ton mehr. Ich schaue mich um, ob es jemand gesehen hat, denn es ist ein ungeschriebenes Gesetz, daß Kinder nicht geschlagen werden. Nur Kai steht ein paar Schritte weiter und grinst. Langsam und eiskalt sage ich zu Monika: «Geh sofort ins Haus!» und wie eine Marionette setzt sie sich unter meinen Worten in Bewegung und geht zur Tür. Die Ohrfeige hat doch Wunder gewirkt. Zum erstenmal sehe ich, daß ein autistisches Kind auf einen Befehl reagiert. Aber ich habe doch ein schlechtes Gewissen.
Nach dem Abendessen frage ich Thomas, ob er Lust hat, später noch irgendwohin zu fahren und ein Glas Wein zu trinken. «Gern», sagt er, «aber nur unter der Bedingung, daß wir nicht über das Heim und über die Kinder sprechen.» – «Okay, ich rufe mal Rosemary an, vielleicht hat sie Lust, mitzukommen.»

Rosemary hat Lust, und wir machen ab, daß wir sie zwischen neun und halb zehn abholen werden. Dann bringen wir schnell die Kinder ins Bett. Eigentlich ist Thomas mit dem Eßzimmer dran. Aber damit wir früher wegkommen, putze ich das Eßzimmer, während Thomas seine Bücher auspackt. Giselheid hat versprochen, nach den Kindern zu sehen und sie auch um elf nochmal aufs Klo zu bringen.
Kurz nach neun sausen wir los. Es regnet ein bißchen, und der Wind jagt das tote Laub über die spiegelnde Straße. Ich freue mich auf diesen Abend. Es ist gut, einmal rauszukommen, und es ist gut, Rosemary einmal wiederzusehen. «Wie geht's unserem Hosenscheißer?» frage ich sie. «Oh, gut, er schläft halt schon.»
Wir fahren nach Überlingen, schlendern zu dritt ein wenig durch den Regen. Rosemary weiß eine kleine Kneipe, in der man ruhig sitzen kann. Bloß keine Musik, wir wollen ja ein bißchen plaudern. Worüber? Nicht über die Kinder! Nicht über das Heim! Wir müssen mal auf andere Gedanken kommen. Aber auf welche? Die Welt «draußen» mit ihrer Politik und ihren Krisen ist uns ein bißchen abhanden gekommen. «Hast du das Glasperlenspiel gelesen?» versuche ich einen Anfang. «Nein», sagt Thomas, «deswegen habe ich es ja mitgebracht.» Schweigen – wir trinken unseren Wein und kramen in unseren Köpfen nach irgend etwas, das nicht den Namen eines Kindes trägt.
Rosemary lacht. «Wir sind ja ganz schön bescheuert, daß wir über nichts anderes mehr reden können.» – «Eben auch schon ein bißchen behindert», fügt Thomas hinzu. Also gut, ich kann es nicht lassen, die Ohrfeige von heute abend läßt mir keine Ruhe: «Ich muß was loswerden: ich habe Monika heute eine gescheuert, aber richtig.» – «Bist du wahnsinnig», entfährt es Rosemary. Thomas schaut mich von der Seite an: «Und?» – «Oh, es hat gewirkt – wie Medizin. Sie hat auf der Stelle pariert.» Und ich erzähle den Vorfall. «Also, ich finde, daß man Kinder grundsätzlich nicht schlagen sollte», meint Rosemary. «Schließlich können die sich nicht wehren. Ein Erwachsener würde zurückschlagen, und weil Kinder schwächer sind, nutzen

die Erwachsenen das aus.» – «Aber manchmal kann man wirklich aus der Haut fahren», bemerkt Thomas, und er hat ja gar nicht so unrecht. «Nein» – Rosemarys Stimme bekommt einen harten Klang: «Wir gehen immer von uns aus und halten die Kinder für unfertige Erwachsene. Dabei ist das gar nicht so. Kinder sind ganz fertige, ja ganz fertige ... Kinder. Sogar dann, wenn sie behindert sind.» – «Überlegt doch mal», fährt sie fort, «so ein Kind wie Michael, das ist ein ganz fertiger Mensch. Und wenn ich aus ihm einen Erwachsenen machen will, dann tue ich ihm furchtbar unrecht. Denn Michael wird nie ein Erwachsener. Er hat ja gar nicht die Zeit dazu, er hat ja nur noch ein paar Jahre zu leben. Aber ich sage euch, der versteht uns besser als wir ihn, der ist reifer als wir. Was kann der denn dafür, daß sein Vater die Syphilis hatte. Vor ein paar Jahren konnte er noch sprechen, da konnte er noch laufen. Und jetzt kann er nur noch schauen mit seinen großen Augen. Und er sieht uns, und er sieht sich selber ganz genau. Stell dir vor, ich würde den schlagen, weil er in die Hose gemacht hat, er ist ja selber todunglücklich darüber.»

«Rosemary, hör mal!» Ich versuche mich zu verteidigen. «Ich habe Monika ja nicht aus Wut geschlagen. Es sollte ein Schock sein, sie sollte aufwachen. Und es war ein Schock, und sie ist aufgewacht. Es war doch nicht mein persönlicher Ärger, es war eine Therapie, und die hat gewirkt.» Aber Rosemary ist woanders, und sie hat recht: «Wenn Michael stirbt, dann weiß er, warum, und er weiß es schon lange. Er ist als ganz normales Kind von der Schulbank gefallen, mitten hinein in ein Heim für Behinderte, mitten hinein in einen Rollstuhl. Sieh doch mal in seine Augen. Der weiß doch Bescheid. Und wenn so einer wie Michael stirbt, dann weinen doch nur wir. Er wird lächeln. Über sich, über seinen Tod, über uns.» Ich lege Rosemary die Hand auf die Schulter, aber sie ist gefangen, ist gefangen von einem Menschen, der Michael heißt und der so viel klüger ist als wir. «Wenn Michael stirbt», fängt sie wieder an, «ach, der stirbt ja schon jetzt. Und wir bilden uns nur ein, daß wir leben, weil wir uns für so verdammt gesund halten.» Wir schweigen. Tho-

mas starrt in sein Weinglas. Rosemary zündet nervös eine Zigarette an. Wir wollten nicht über die Kinder reden. «Als Kind hatte ich einen Hund», sage ich vorsichtig. «Harraß. Ich habe ihn ein einzigesmal geschlagen, weil er nicht fressen wollte. Drei Tage später war er tot. Ich hatte nicht gewußt, daß er schon so krank war.» – «Du hast alles gesagt», sagt Rosemary. «Schlage heute abend Kai, weil er nicht essen will. Wenn er morgen nicht mehr lebt, dann kannst du das nie mehr gutmachen. Aber du kannst es auch nicht gutmachen, wenn er hundert Jahre alt wird. Schließlich ist Kai auch ein Mensch, und er darf genauso erwarten, daß er nicht geschlagen wird, wie du.» Oh, Rosemary, wo nimmst du das alles her?
Wir gehen auseinander. Der Kellner kassiert, es ist Mitternacht vorbei, wir sind die letzten Gäste. Wir wollten nicht über die Kinder reden. Aber wir haben nur über die Kinder geredet. «Danke, Rosemary!» – Sie schaut mich erstaunt an: «Wir sollten den Kindern danken, weiter nichts.» Sie steigt aus dem Auto und geht durch den Regen zum Haus. «So müßte man sein», sagt Thomas, dann schweigen wir. Schweigen achtzehn Kilometer und denken an Rosemary, die so wunderbar ist, denken an Michael, der uns alle überholt hat, denken an uns, die wir noch so viel lernen müssen.
Thomas schließt die Haustür auf. Im Flur höre ich das Wasser laufen. «Kai», sage ich leise und gehe bis zur Ecke. Am Waschbecken steht er und trinkt Wasser. Er bemerkt mich. Ich bewege mich nicht. Er läßt das Wasser laufen und schleicht rückwärts an der Wand entlang. Jetzt ist er genau vor mir. Über sein Gesicht laufen die Tränen. «Trinken», sagt er, und unter Tränen nochmal: «trinken.» Seine Hände strecken sich mir entgegen. Er zittert am ganzen Körper, er ist nackt. Ich drehe mich um. «Komm», sage ich, und ich höre hinter mir seine Füße auf dem Steinfußboden. In der Küche mache ich den Kühlschrank auf. «Was willst du, Milch oder Apfelsaft?» Kai steht im Lichtkegel der Kühlschrankbeleuchtung, er greift nach einer Apfelsaftflasche. Aus dem Schrank nehme ich ein Glas, er hält die Flasche mit beiden Händen. Ich lasse ihn eingießen, nehme ihm die

Flasche ab und gebe ihm das Glas. Gierig trinkt er, hält es mir hin. «Kai, wenn du noch mehr willst, ich stelle das Glas hier oben auf den Kühlschrank. Und wo der Apfelsaft ist, weißt du ja.» Ich stelle die Flasche in den Kühlschrank zurück, wir gehen ins Kinderzimmer. Umständlich zieht er seinen Pyjama an. «Schlaf gut, Spatzli, wenn du Durst hast, mußt du nicht Wasser trinken. Der Kühlschrank ist nicht nur für die Großen da.»
Ich gehe die Treppe hinunter. Im Zimmer ist es schon dunkel. Nur eine Kerze brennt noch auf der Fensterbank. Thomas liegt schon im Bett. Ich ziehe mich leise aus, lege mich auch hin. Thomas bläst die Kerze aus. «Schlaf gut.» – «Du auch.» Ich kann nicht schlafen. Vor mir steht Kai und sagt «trinken», ein kleiner Junge, der nur dann trinken darf, wenn die Erwachsenen es wollen, der nur das trinken darf, was die Erwachsenen erlauben. «Thomas», sage ich in die Dunkelheit. «Ja?» – «Manchmal kann man auch vor Freude nicht einschlafen, Kai hat ‹trinken› gesagt.»

*

Sigrid ist zurückgekommen. Sie war lange weg, fast ein halbes Jahr. Ihren siebenten Geburtstag hat sie im Krankenhaus gefeiert. Sie war gerne im Krankenhaus. Jetzt hat sie eine neue Prothese und zwei «neue» Hände.
Ich treffe sie im Gang. Alleine, ohne Krücken, ohne Hilfe kommt sie mir entgegen und zeigt mir stolz ihre Hände. «Da sind sie!» Fünf Finger an jeder Hand. Ich freue mich mit ihr. «Dann wirst du jetzt auch schreiben lernen?» frage ich. «Pah», antwortet sie ganz selbstbewußt, «das kann ich doch schon lange, ich hab's ja bei den anderen immer gesehen. Jetzt brauch' ich's nur noch zu machen.» Ach ja, ich hatte ganz vergessen, daß du so vieles schon gelernt hattest, bevor du deine Hände gebrauchen konntest.

*

Kais Mutter hat geschrieben. Ich kann den Brief jetzt nicht lesen, ich will warten bis zur Mittagspause, damit ich etwas Ruhe habe. Endlich ist es soweit. Ziemlich aufgeregt öffne ich das Kuvert:

«Lieber Hartmut!
Lassen Sie mich zu dieser unkonventionellen Anrede greifen. Mir scheint eine andere gar nicht mehr angebracht, seitdem wir Ihren Brief erhielten und nun erst so richtig um die Sorgen und Schwierigkeiten, aber auch um Ihre Bemühungen und den Einsatz wissen, mit dem Sie sich Kai gewidmet haben. Ihr Brief hat uns sehr berührt. Wir haben wieder und wieder darüber gesprochen. Wir sind froh und dankbar, daß unser Kai nun doch wieder einen echten Beschützer und Helfer gefunden hat – jemanden, der versucht, ihn zu verstehen und ihm nach besten Kräften zu helfen. Aus Ihrem Brief spricht ein großer Ernst und eine große Aufrichtigkeit. Und für diese Aufrichtigkeit sind wir Ihnen besonders dankbar. Wir haben schon genug schwierige Phasen mit Kai durchlebt, um uns vorstellen zu können, wie die ersten Wochen mit ihm für Sie verliefen. Aber vielleicht, wer weiß, war diese Krise zu Anfang sogar notwendig, um zu einem besseren und intensiveren Verstehen zu führen. Wir selbst sind uns inzwischen darüber klar, daß es mehrere Gründe waren, die zu der anfänglichen Aggressionshaltung von Kai geführt haben könnten. Dazu muß man vielleicht eines wissen: Erst seit ganz kurzer Zeit geht Kai aus sich mehr heraus. Früher war immer eine Wand da, man kam nie so richtig an ihn heran. Und es war eigentlich Jürgen Hauser, der es verstanden hatte, ihn aus seiner Isolation, seiner Kontaktlosigkeit der Umwelt gegenüber herauszureißen. Ich möchte, daß Sie mich verstehen – selbst ich als Mutter hatte in den Jahren zuvor nie das Gefühl, daß ich ihn aus seiner Eingegrenztheit herausholen könnte. Meistens wurde der, der ihm zu nahe kam, an den Haaren gezogen und gekratzt oder gekniffen. Seit Kai unter der Obhut von Jürgen Hauser war, hatte sich das gewandelt. Hier war ein Mensch, der ihm wirklich Liebe entgegenbrachte, und wie sehr spürte das Kai! Auch sein Verhältnis zu uns, d.h. zu mir und meinem Mann, hatte sich in den letzten Monaten gebessert, und

sein Verhältnis zu seiner Umwelt war ungezwungener, spontaner und merklich gefühlserfüllter geworden.

Auch sonst hatte er sich in den Sommerferien mehr denn je seine kleine Umwelt ‹erobert›: Er fuhr in dem Tretauto seines kleinen Bruders herum, planschte jeden Tag ausgiebig im Planschbecken – allerdings: Gemeinsame Mahlzeiten, das war sicher unser Fehler, wurden nicht gehalten.

Seine Abfahrt nach Föhrenbühl fiel nun mit der Rückkehr seines Bruders Jan-Henrik zusammen. Ob er das Gefühl hatte, der Kleine verdränge ihn? Jedenfalls bemerkte mein Mann und auch Jürgen, daß Kai äußerst unruhig und aggressiv war. Protest – diesmal etwas bewußter –, von zu Hause fortzumüssen? Protest dann in Föhrenbühl, als er die gewohnten Verhältnisse, d. h. Jürgen, nicht mehr vorfand? Ganz gewiß hat dies bei den Anfangsschwierigkeiten mitgespielt. Ich glaube, gerade weil Kai seit kurzem begonnen hat, bewußter Kontakt mit seiner Umwelt zu haben, gerade weil er das Zuhause als ‹Zuhause› stärker empfand als je zuvor, legte er nun eine Protesthaltung an den Tag, die Jürgen vielleicht hätte abfangen können, aber der war nicht da. Man weiß, daß bei normalen Kindern ‹Liebesentzug› zu Bettnässen, Lutschen und zum Rückfall in Kleinkindstadien führt, vielleicht oder gewiß fühlte sich Kai zunächst von uns und Jürgen ‹verlassen›. Also eigentlich eine ganz normale Reaktion, wenngleich ich natürlich damit nicht sagen möchte, die Schwierigkeiten seien normal gewesen – ich weiß, wie das alles anwachsen kann und wieviel Kraft und Geduld man dann braucht. Dies sind auch alles nur Gedanken, die zur Erklärung beitragen sollen, wie es zu dem Verhalten von Kai kam, denn gewiß lag der Grund nicht ausschließlich darin, daß Sie ihn noch nicht zu nehmen wußten.

Daß wir ihn diesmal nicht ohne Sorge nach Föhrenbühl zurückgegeben haben, will ich nicht verheimlichen. Denn wir wissen, wie abhängig Kai von der Beziehung zu seinem Betreuer ist, wie sehr er eine ganz menschliche Beziehung braucht, um sich im Rahmen seiner kleinen Möglichkeiten zu entfalten. Und Zwang – ich habe das bitter erlebt –, und sei er noch so gut gemeint und richtig, führt bei Kai immer wieder zum Rückfall in Gestörtheit. Ich gebe mir an der Zwangsneurose, der er immer wieder beim Essen unterliegt, selbst die Schuld – ich habe ihn als Säugling in den ersten Lebensmonaten nur unter Zwang dazu bringen können, Nahrung zu sich zu nehmen. Man mußte ihm den Brei mit Gewalt einflößen, sonst wäre er verhungert (er hat von seinem 6. bis zum 12. Lebensmonat kein Gramm zugenommen), und dieser Kampf, der täglich geführt wurde, hat bei ihm sehr wahrscheinlich zu der Zwangshaltung geführt, die er jetzt noch beim Essen an den Tag legt.

Im übrigen bin ich für Kai noch immer die Inkarnation des Zwangs beim Essen. Bei jedem anderen ißt Kai ruhiger und besser als bei mir, was dann dazu geführt hat, daß ich es zu Hause noch nicht gewagt habe, ihn mit am großen Tisch essen zu lassen. Hinzu kommt, daß wir ja nun auch wochentags nicht zu Mittag da sind und Kai ohnehin mit dem Mädchen allein essen müßte.

Lieber Hartmut, ich schreibe Ihnen das alles eigentlich vor allem, damit Sie wissen, daß uns sehr genau bewußt ist, was Sie jetzt für Kai tun. Und wieviel dazu gehört, um es so zu tun und so zu sehen, wie Sie es sehen. Wir danken Ihnen noch einmal dafür. Und wir hoffen, daß wir Sie bald einmal sehen und persönlich sprechen können. Herzlichst, Ihre Maria F.»

Beschämt lege ich den Brief weg, beschämt über all das, was ich mir eingebildet hatte. Ich hatte mir eingebildet, daß meine Schwierigkeiten mit Kai die schlimmsten waren, die es geben konnte. Das waren drei Wochen, aber was mußte Kais Mutter in zehn Jahren durchgemacht haben! Und ich hatte mir eingebildet, daß die Besserung und die Fortschritte ein bißchen auch mein Verdienst waren. Wie überheblich von mir. Im Grunde hatte ich gar nichts für Kai getan, das einzige war vielleicht, daß ich auf ihn eingegangen war.

*

Herbstferien. Die Kinder fahren nach Hause; sie werden von ihren Eltern geholt oder von den Betreuern nach Hause gebracht. In den Häusern wird es leer. Auch viele der Mitarbeiter sind weggefahren. Nur ein paar Kinder sind dageblieben. Die, die kein Zuhause haben, wie Michael und Detlef. Und die, bei denen soziale Gründe dagegensprechen. Gerold bleibt da, weil wir befürchten, daß ihm zu Hause wieder liebevoll all das abgewöhnt wird, was wir ihm mühsam beigebracht haben. Und Kai ist natürlich dageblieben.

Ich habe eine verrückte Idee: Ich möchte mit Kai zusammen verreisen. Ich weiß zwar nicht, wie er sich in einer anderen Umgebung verhalten wird, aber ich glaube, er ist jetzt soweit, daß wir es riskieren können. Also rufe ich meine Mutter an: «Hast du was dagegen, wenn ich für ein paar Tage mit Kai zu euch komme?» Mutti kennt die ganze Geschichte genau. Sie weiß, wie Kai ist, und sie weiß auch, wie Kai war. Aber sie hat nichts dagegen. «Mach dich aber drauf gefaßt, daß einiges Geschirr kaputtgeht.» – «Ich hab' sowieso zuviel davon», meint sie, «und das Rosenthaler werde ich euch schon nicht hinstellen.» – «Okay, übermorgen abend sind wir da und räumen deinen Geschirrschrank auf.» – Ein bißchen aufgeregt bin ich doch, vor allem die lange Bahnfahrt macht mir Sorgen. Es sind immerhin sieben Stunden bis Goslar. Und für Kai ist es die erste Reise mit der Eisenbahn. Wir packen: einen Koffer für mich, einen Koffer für Kai. Ob drei Hosen und fünf Unterhosen für Kai genug sind? Ich packe lieber noch ein paar dazu, wer weiß, was wir allein auf der Bahn verbrauchen. Kai sitzt auf dem Bett und guckt mir zu. Er hat zwar begriffen, daß wir wegfahren, aber wahrscheinlich glaubt er, daß es nach München geht. Die Koffer sind gepackt. Ich packe sie wieder aus. Es ist Blödsinn, mit zwei Koffern zu reisen. Irgendwo brauche ich immer noch eine Hand für Kai. Also nur ein Koffer. Nachdem er gepackt ist, hole ich meine Reisetasche vom Speicher und packe den Koffer wieder aus. Jetzt bleibt nur noch das Wichtigste übrig: Tempotücher, Windeln, Waschzeug, zwei Pullover, zwei Hosen. Fertig. Was dreckig ist, muß halt gleich gewaschen werden.

Es ist soweit. Giselheid hat uns Brote für die Reise geschmiert. Ein paar Äpfel, eine Thermoskanne mit Tee. Vor dem Haus steht das Auto, Herbert wartet schon. Er wird uns nach Singen zum Bahnhof bringen. Jetzt ist die Reisetasche halt doch zu klein. Also noch eine Plastiktüte. Ich nehme Kai an der Hand: «Kannst du die Plastiktüte tragen?» So ziehen wir los. Giselheid winkt uns nach, bis das Auto um die Ecke ist. Sie hat ein bißchen Angst um uns, aber ich werde sie heute abend anrufen und ihr sagen, daß alles gut gegangen ist. *Wenn* alles gut gegangen ist. Ich erzähle Kai noch einmal, daß wir nicht nach München fahren, daß wir nicht zu seiner Mami fahren, sondern zu meiner. Aber Kai hat andere Sorgen. Er drückt die Nase ans Fenster und leckt die Scheibe ab. Autofahren ist seine ganz große Leidenschaft. Mal sehen, wie das mit dem Bahnfahren wird. Am Bahnhof haben wir noch ein bißchen Zeit. Die Fahrkarten haben wir ja schon. Hand in Hand gehen wir auf dem Bahnsteig spazieren. Als ein Güterzug durchfährt, läßt Kai meine Hand los und schlägt sich beide Hände vor den Mund. Er ist ganz aufgeregt, aber nicht erschreckt oder ängstlich. Ich sehe richtig, wie der Lärm der Räder ein Beben durch seinen Körper jagt. Dann kommt unser Zug. Kai fiebert und will auch gleich einsteigen. Ein bißchen hoch sind die Stufen ja schon, aber wozu sind die Hände da. Ich lasse ihn auf allen vieren raufklettern, und wir suchen ein Abteil, danach gehen wir als erstes seine schmutzigen Finger waschen.

Das hätten wir uns sparen können, denn kaum daß wir wieder im Abteil sind, hat Kai auch schon den Aschenbecher entdeckt. Den großen am Fenster. Eine Fundgrube. Nach dem zweiten Zigarettenstummel greife ich ein. Aber Kai greift zurück, wird aggressiv und fängt an zu schreien. «Also laß ihn», denke ich, «irgendwann muß das Ding ja leer sein.» Mit rabenschwarzen Händen fördert Kai geduldig die Schätze zutage: Apfelsinenschalen, Papier, Zigarettenstummel und Asche, immer wieder Asche. Alles landet natürlich auf dem Boden. Endlich scheint er alles rausgeholt zu haben. Ja, er hat, denn schon sitzt er auf dem Boden und fängt an, den Dreck in den Mund zu stecken. Das

geht zu weit. Also hocken wir beide am Boden und streiten uns um das Müllhäufchen.
Schließlich habe ich unter Kais Protest alles in ein Stück Papier zusammengekratzt und in den Mülleimer im Gang befördert. Prima – jetzt können wir *beide* Händewaschen gehen. Ich nehme noch ein paar Tempotaschentücher mit, weil Kais Gesicht wie ein kleiner Verschiebebahnhof aus Rotz und Asche aussieht. Also waschen wir uns und kehren Hand in Hand ins Abteil zurück. Vorsichtshalber setze ich Kai vom Fenster weg. Aber auch dort ist ein Aschenbecher, in der Armlehne. Zum Glück nur ein kleiner, und zum Glück ist er fast leer. Gleich ist er ganz leer.
Da geht die Tür auf, und der Schaffner kommt die Karten kontrollieren. Ein Blick auf Kai, ein Blick auf die schwarzen Finger, ein Blick auf die Kippen. «Das Abteil für Mutter und Kind ist noch frei. Wenn Sie wollen, können Sie da rein. Dann sind Sie wenigstens ungestört.» – «Danke», sage ich. Ich weiß schon, was er meint: Dann sind die anderen Fahrgäste wenigstens ungestört. Wir tun ihm den Gefallen und ziehen um. «Zwei Wagen weiter hinten», sagt er noch und verschwindet. Auf dem Weg nach hinten ist Kai sehr fröhlich. Wahrscheinlich freut er sich auf die neuen Aschenbecher. Aber es ist ein Nichtraucherabteil, und der Müllkübel am Fenster ist leer.
Später packe ich unsere Brote aus, binde Kai die Pulloverärmel auf dem Rücken zusammen und füttere ihn. Es geht ziemlich problemlos. Kai ist friedlich, vielleicht weil wir beide allein sind. Nur einmal fängt er an zu spucken, beruhigt sich aber gleich wieder. Nach dem Essen gehen wir das Gesicht waschen – und eigentlich wäre es längst an der Zeit, daß Kai mal aufs Klo geht. Ich ziehe ihm die Hose runter, aber er will sich nicht hinsetzen. Er hat Angst. Ich rede ihm gut zu, es nützt nichts, dieses Klo ist ihm unheimlich. Ich werde mich damit abfinden müssen, daß er irgendwann demnächst in die Hose macht.
Draußen ist es inzwischen dunkel geworden, Lichter fliegen vorbei. Wir bekommen Besuch. Ein junger Mann kommt ins Abteil, Jeans, lange Haare. Er ist sehr freundlich, und er ist Amerikaner. Er fragt mich gleich alles mögliche über Kai, und

ich antworte ihm bereitwillig. Irgendwann sage ich: «Kai sollte eigentlich schlafen.» Das findet der Amerikaner auch, und sogleich fängt er an, Kai gut zuzureden. «Kai», sagt er, «du bist ja ganz müde, du bist ja so müde.» Dabei gibt er seiner Stimme einen müden, einschläfernden Tonfall. Kai sitzt ihm gegenüber im Schneidersitz und beobachtet, die Finger spielen am Mund. «Schlafen», sagt unser Reisegefährte langgezogen, «schlafen.» Und es dauert auch nicht lange, da schläft der Amerikaner ein! Kai grinst, Kai ist zufrieden.
Wir sind gut angekommen. Todmüde und schmutzig, aber glücklich. Kai hat zwar nicht geschlafen, aber er hat auch nicht in die Hosen gemacht. Wir wollen beide nur noch drei Dinge: Klo, Essen, Schlafen.
Kais Liege steht neben meinem Bett. «Gute Nacht, Kai.» Ich beuge mich zu ihm. Ganz flüchtig gibt er mir einen Kuß auf die Wange. Dann dreht er sich auf die Seite und zieht die Knie an. Rasch werden seine Atemzüge ruhiger. Ich liege da und lausche auf den Schlaf «meines» Kindes. Ich bin glücklich, und ich glaube, daß Kai es auch ist.

*

Die Turmuhr der Frankenberger Kirche schlägt eben sieben. Etwas Nasses am Hals hat mich aufgeweckt – es ist Kais Pyjamahose. Er kniet über meinem Kopf und setzt sich jetzt mit der nassen Hose auf meine Brust. In der Hand hat er eine Schallplatte und wedelt damit in der Luft herum, dann läßt er sie mir ins Gesicht fallen. «Musik machen!» fordert er mich auf. Oh Spatzli – du bist unmöglich. «Geh erstmal runter, so kann ich ja gar nicht aufstehen.» Er stellt sich hin und wiederholt seine Bitte: «Musik machen.» Ich ziehe meinen Kopf zwischen seinen Beinen hervor und setze mich auf die Bettkante. Eigentlich wollte ich ja mal ausschlafen. Nun, dann eben nicht, wir werden halt meine Eltern mit etwas Musik wecken. «Aber zuerst waschen!» Ich ziehe das nasse Laken von Kais Liege, dann gehen wir ins Badezimmer. Wie jeden Morgen kommt die Wäsche in

einen Eimer, wie in Föhrenbühl stelle ich den Eimer neben die Waschmaschine. Dann dusche ich Kai. Er zittert, obwohl das Wasser warm genug ist. Ich gebe ihm das Badetuch, aber er trocknet sich nur das Gesicht und die Brust ab. Bei dem Rest helfe ich ihm. Zähne putzen, Haare kämmen. «So, wenn du dich angezogen hast, dann machen wir Musik.» Kai setzt sich auf mein Bett und will gleich die Jeans anziehen. «Halt, zuerst die Unterhosen.» Schließlich hat er alles bis auf die Schuhe an. Ich stopfe ihm das Unterhemd in die Hose, ziehe den Pullover runter. «So, jetzt können wir Musik machen.»
Er greift nach der Schallplatte und hält sie mir hin. Tschaikowsky, Klavierkonzert. Ich glaube, das ist doch nicht ganz das Richtige für Kai, und es ist wohl auch ein bißchen laut so früh am Morgen. Ich stelle die Platte ins Regal zurück und suche etwas «Friedlicheres». Bach, Doppelkonzert für zwei Violinen. Ich schalte den Plattenspieler ein. Kai hält den Kopf etwas schief und beobachtet, was ich mache. Dann läßt er sich zu Boden gleiten. Schon nach den ersten Takten sitzt er ganz still da, wie ein kleiner Buddha, im Schneidersitz. Die Hände hält er an seine Wangen, die Augen sind halb geschlossen. Er ist ganz versunken und lauscht der Musik.
Ich gehe hinaus, weil ich meine Mutter in der Küche gehört habe. Sie deckt gerade den Tisch. «Seit wann legst du mitten in der Nacht Platten auf?» fragt sie mich verwundert. «Kai wollte Musik hören.» Während Mutti den Kaffee aufgießt, überlegt sie: «Könntest du ihm nicht eine Blockflöte schenken?» Die Idee gefällt mir, gleich nach dem Frühstück werde ich mit Kai in die Stadt gehen, und wir werden eine Blockflöte kaufen. Inzwischen ist Vati aufgestanden, er kommt aus dem Badezimmer. Nachdem er uns begrüßt hat, fragt er: «Müssen wir nicht im Wohnzimmer ein paar Sachen wegräumen, Blumenvasen und so?» Im Grunde müßten wir. Es ist das erstemal, daß Kai sich in einer Umgebung befindet, wo es unzählige Dinge gibt, die man runterschmeißen kann und die man kaputtmachen kann. Gardinen, Bilder, Bücher, Vasen, zwei Tonplastiken und... und... und. Wir müßten die halbe Wohnung ausräumen. «Nein», sage

ich, «wir wollen es versuchen. Ich glaube Kai ist nur so weit behindert, wie wir ihn als behindert behandeln. Wenn wir ihn in dieser Wohnung akzeptieren, dann wird er auch die Wohnung akzeptieren.»
Die Tür geht auf. «Musik aus», sagt Kai, er hat die Schallplatte in der Hand. «Das ist gut», sage ich, «wir wollen jetzt nämlich frühstücken. Sag mal schön Guten Morgen.» Artig gibt er meinen Eltern die Hand, sagt aber nichts. Ich schicke ihn mit der Schallplatte ins Zimmer, er legt sie quer über den Plattenspieler. «Guck mal», erkläre ich ihm, «da ist ein Loch, und das muß genau auf den Stift da.» Er schiebt die Platte hin und her, bis er sie drin hat. Wir gehen in die Küche, Mutti gießt gerade Kaffee ein und für Kai Kakao. An der Tür bleibt er stehen und streckt die Hände aus. Ich beachte es nicht und setze mich hin. Ich will einfach ausprobieren, ob es nicht doch ohne Anbinden geht. «Komm, setz dich, Kai.» Aber er rührt sich nicht von der Stelle. Ich strecke die Hand nach ihm aus, da fängt er an zu weinen. Schade. Ich ziehe seine Pulloverärmel lang und binde sie auf dem Rücken zusammen. Sofort hört er auf zu weinen und setzt sich auf den Stuhl. Ich gebe ihm etwas zu trinken, füttere ihn. Alles geht ohne Probleme. Er spuckt nicht, und er macht auch keinen Versuch, etwas runter zu werfen. Mutti schaut ihm zu und lacht. «Was willst du denn, er ist doch ganz brav.» – «Natürlich», sage ich, wobei ich «Hoffentlich!» denke. Aber Kai ist vergnügt, er schmatzt vor sich hin, ab und zu schaut er uns an und lacht dabei. Weil er etwas krumm sitzt, sage ich: «Kai, weißt du, wie ein richtiger Mann sitzt?» Und ich setze mich ganz gerade hin. Er macht es mir nach und sagt laut: «Mann.» – «Ich denke, es ist gut für ihn, wenn nicht so viele Leute am Tisch sitzen», wende ich mich an Mutti, «Kai braucht eben auch eine Familie um sich und nicht sechs oder acht behinderte Kinder.» Vati grinst: «Dann bin ich wohl jetzt der Opa?» – «Wenn du willst», grinse ich zurück, während ich Kai den Rest Kakao trinken lasse. Ich binde ihn los, und er will ins Zimmer laufen. «Badezimmer», rufe ich ihm nach. Er kehrt auch gleich um und geht sich den Mund abwaschen. Während er mit dem

Waschlappen herumfummelt, erzähle ich ihm von der Flöte. «Wir gehen jetzt in die Stadt und kaufen für dich eine Flöte, so eine wie Detlef sie hat. Dann kannst du selber Musik machen.» Im Zimmer binde ich ihm die Schuhe zu, dabei schaut er immer wieder ganz aufgeregt zum Plattenspieler hinüber. Aber ich halte die Idee mit der Flöte für besser. Dann ziehen wir los.
Ich wußte bisher gar nicht, wie viele Probleme in einem Kaufhaus stecken. Da sind zuerst einmal die vielen Menschen. Kai hält meine Hand fest umklammert und drückt sich ganz eng an mich. Und dann kommt die Rolltreppe. Ich hätte wahrscheinlich genausogut versuchen können, mit Kai die Eiger-Nordwand zu besteigen. Er ist einfach nicht auf die Rolltreppe zu bringen. Mit weit aufgerissenen Augen zerrt er an meiner Hand. Ich nehme ihn auf den Arm und tröste ihn: «Spatzli, das ist doch nur eine Treppe für Leute, die zu faul sind zu laufen.» Aber als ich die Treppe betreten will, fängt er an zu schreien. Ich behalte ihn auf dem Arm und gehe zum Fahrstuhl. Ängstlich preßt er sein Gesicht an meine Wange. Im Fahrstuhl beruhigt er sich etwas, und ich stelle ihn wieder auf die Erde. Spielzeugabteilung. 3. Stock. Es gibt Blockflöten, aber keine einzige aus Holz. Die Flöten sind aus Plastik. Ich wollte eine richtige Holzflöte haben. Wenn Kai eine Flöte bekommt, dann soll es auch ein Ding sein, das ein wirkliches Gewicht hat, das aus einem natürlichen Material ist. Aber da gibt es etwas anderes: Mundharmonikas. Sofort steht mein Entschluß fest, wir kaufen eine Mundharmonika. Die ist für Kai auch sicher leichter zu spielen als eine Blockflöte. Ich suche ein kleineres Modell aus. Das Fräulein an der Kasse dreht das Kästchen um, sie sucht nach dem Preis. Dann fällt ihr Blick auf Kai. Schnell schaut sie wieder weg, tippt den Betrag. «8 Mark 95», sagt sie fast unhörbar und packt die Mundharmonika in eine Tüte. Jetzt schaut sie weder Kai noch mich an. Ich zahle, möchte etwas sagen, lasse es dann aber. Ich drücke Kai die Tüte in die Hand. «Komm, Spatzli, wir gehen Musik machen.» Das Fräulein schaut uns nach, ich spüre ihren Blick im Rücken, spüre auf dem Weg zum Fahrstuhl plötzlich, daß uns alle nachschauen. Nur ansehen will uns nie-

mand; nach einem kurzen Blick fliehen ihre Augen vor uns, erst wenn sie an uns vorbei sind, geht ihr Blick uns nach. Ob sie Angst haben? Aber wovor? Jedenfalls sind sie neugierig, aber sie wollen es nicht zugeben. Wahrscheinlich sollte ich mir gar nicht so viele Gedanken machen. Sie schauen auch Negern und Liebespaaren nach. Und wenn sie uns jeden Tag treffen würden, dann würden sie uns bald auch nicht mehr nachschauen. «Gell, Spatzli», denke ich und drücke seine kleine Hand etwas fester, «wir sind gar nichts Besonderes, wir sind nur ein bißchen ungewöhnlich.»

*

Bis zum Mittagessen ist noch eine gute halbe Stunde Zeit. Ich setze mich neben Kai aufs Bett und probiere die Mundharmonika aus. Das einfachste, was mir einfällt, ist «Der Mond ist aufgegangen». Vielleicht nicht ganz passend, aber sowas soll ja auch vormittags vorkommen. «Bunt sind schon die Wälder» – das stimmt schon eher. Kai ist ganz aufgeregt, er macht große Augen und wedelt mit der Hand. Nach einer Weile halte ich ihm die Mundharmonika hin. Er nimmt sie und pustet hinein. Es gibt einen lauten Ton. Vor Schreck läßt er sie fallen und stößt einen Schrei aus. «Versuch es nochmal.» Kai läßt sich vom Bett rutschen und hebt die Mundharmonika auf. Wieder bläst er hinein, wieder erschrickt er, aber diesmal läßt er sie nicht fallen. Dann versucht er, auf der falschen Seite hineinzublasen, aber es geht nicht. Ich drehe die Mundharmonika in seiner Hand um. Er pustet wieder hinein, zieht, pustet. Immer schneller wird der Rhythmus, immer aufgeregter. Wie eine kleine Lokomotive schnauft er, dann hält er ganz plötzlich inne und betrachtet das Instrument in seiner Hand. Es ist sein erstes Spielzeug, es ist das erste Ding, das er nicht wegschmeißt. Ich zeige ihm die kleinen viereckigen Löcher. «Jedes Loch hat einen anderen Ton, paß mal auf», und ich schiebe die Mundharmonika in seinem Mund hin und her. Kai ist begeistert, er steigert sich wieder in einen richtigen Taumel hinein, ein kleiner Pan, der sich wie Dionysos gebärdet. Nach einer Weile rufe ich ihn zurück; es ist Zeit, zum Mittagessen zu gehen. Unsere erste Musikstunde ist beendet.

Das war doch ein recht aufregender Vormittag für Kai: zuerst ein Violinkonzert von Bach, dann die abenteuerliche Reise durch ein Kaufhaus und schließlich die Entdeckung, daß man auch selber Musik machen kann. Er ist noch ganz aufgekratzt, und ich kann ihn kaum so schnell füttern, wie er die Pfannkuchen mit Apfelmus verschlingt. Nachdem wir den Apfelmusbart mit einem Waschlappen beseitigt haben, stecke ich Kai ins Bett. Am liebsten möchte er gleich wieder die Mundharmonika haben, aber es ist besser, wenn er jetzt ein wenig schläft. Ich setze mich ins Wohnzimmer und blättere in einer Illustrierten. Aber meine Gedanken sind bei Kai. Mit Recht, denn schon nach wenigen Minuten höre ich ihn im Flur. Er läuft in die Küche, die Kühlschranktür geht. Gleich wird irgendetwas zu Boden fliegen..., aber nichts geschieht. Ich muß doch mal nachsehen. Kai ist gerade dabei, umständlich eine Cola-Flasche aufzuschrauben. «Mach nur», sage ich. Er trinkt aus der Flasche, etwas Cola läuft ihm am Kinn herunter. Dann versucht er die Flasche zuzuschrauben, aber er schafft es nicht und hält mir beides hin. Ich mache es für ihn, gebe ihm die Flasche zurück und er stellt sie selber in den Kühlschrank und schließt die Tür. Etwas Wichtiges hat sich verändert, vor allem für mich: Früher hätte ich Kai in der Küche «erwischt», heute habe ich ihn in der Küche «getroffen». Ich glaube, daß ich Fortschritte mache, und sage: «Prima, Spatzli, eines Tages wirst du auch selber essen.» Hastig läuft er ins Zimmer und kriecht ins Bett.

Ich kehre zu meiner Illustrierten zurück. Von ganzseitigen Farbfotos schauen mich dunkle Kinderaugen an. Hungrige Kinderaugen. Dünne, viel zu dünne Arme betteln um Brot oder um Reis. Die aufgeblähten Leiber sind schmerzgewordener Hunger. Ich frage mich, ob die Leute im Kaufhaus auch schnell wegschauen, wenn sie diese Bilder sehen. Wahrscheinlich nicht, es sind ja nur Bilder. Wo sind diese Kinder? Wie heißen sie? Haben sie noch Eltern? Ich könnte den Bericht lesen, aber die Zeitung ist schon vier Wochen alt. Vielleicht leben diese Kinder gar nicht mehr. Vielleicht sind sie nur noch Zeugen für alle Kinder, die auf der Welt hungern. Auch für die Kinder, die

nicht nach Brot hungern, sondern nach Liebe. Wie viele mögen es sein? Wie viele mögen daran innerlich oder äußerlich zugrunde gehen? Ich lege die Illustrierte weg und gehe ans Fenster. Die späte Herbstsonne wirft den Schatten des Kirchturms über den Hof. Schräg segelt ein Blatt vom Kastanienbaum durchs Licht. Wie viele Kinder? Wo?
Ein leiser Ton gibt mir Antwort. Der Ton einer Mundharmonika, der vorsichtig und langgezogen aus meinem Zimmer herüberdringt. Ja, ein Kind, ein einziges und zu allererst dieses einzige: Kai. Ich muß lächeln, ich brauche keine Illustrierte, um dem Hunger zu begegnen. Er steht zu dicht neben mir, wenn auch in anderer Gestalt. Wenn Kai in dieser Minute glücklich ist, glücklich mit einer Mundharmonika, glücklich mit ein paar zitternden Tönen, dann ist schon ein Anfang gemacht, dann ist schon ein kleines bißchen Hunger in dieser Welt gestillt. Es ist wenig, viel zu wenig, aber es erscheint mir in diesem Augenblick doch mehr als genug. Ich lausche dem Klang der Mundharmonika, den tastenden, einsamen Tönen, die noch keine Melodie werden wollen. Und doch bewegen sie mich wie ein altes, uraltes Lied, das mir schon lange vertraut ist.

*

Plötzlich hat sich der sonnige Herbsthimmel verdunkelt, Wolken sind zusammengerückt, und ein leichter Nieselregen hat eingesetzt. So regnet es schon seit Tagen, jeden Morgen steht derselbe graue Himmel über unserem Fenster. Kai vertreibt sich die Zeit mit seiner Mundharmonika, nachmittags lese ich ihm Märchen vor, ohne recht zu wissen, was er davon aufnimmt. Manchmal weiß ich nicht einmal, ob er mir überhaupt zuhört. Aber da er still auf dem Bett sitzt, glaube ich, daß doch etwas von diesen verzaubernden Bildern der Märchenwelt in ihm ankommt und irgendwo in seiner Seele haltmacht.
Dann will er wieder Musik hören, und ich lege ihm eine frühe Mozartsymphonie auf. Das ist für mich die Gelegenheit, endlich an ein paar Freunde zu schreiben, die mich sicher längst für ver-

schollen halten. Denn seit ich bei den Kindern bin, ist es fast so, als wäre ich ausgewandert. Ausgewandert in ein fernes, gefährliches Land, in dem es keine Briefkästen und keine Postboten gibt. Und dann gab es in diesem Land auch viel zu viel zu entdecken, viel Schmerzliches, aber auch viel Schönes. Ich setze mich an den Schreibtisch und versuche wieder anzuknüpfen, da, wo ich vor einem halben oder gar einem ganzen Jahr die Feder beiseite gelegt hatte. Es fällt mir schwer, und immer wieder tritt langes Nachdenken zwischen meine Sätze.

Plötzlich steht Kai auf und kommt an den Schreibtisch. Fragend schaut er mich von der Seite an, dann nimmt er mir vorsichtig den Federhalter aus der Hand und zieht einen langen krummen Strich über meinen Brief. Im Grunde müßte ich böse sein. Meine so mühsam zu Papier gebrachten Sätze sind mit einem Male durchgestrichen. Aber ich bin nicht böse, ganz im Gegenteil. Ich bin glücklich über das, was Kai getan hat. Er hat nämlich einen Stift in die Hand genommen, und er hat über ein Blatt Papier einen Strich gezogen. Und das ist der erste, der allererste Schritt, den ein Kind macht, das eines Tages ein Bild malen oder Buchstaben schreiben wird. Ich schiebe Kai das Blatt hin und gebe ihm einen Bleistift. Dann fange ich einen neuen Brief an. Aber ich bin nun überhaupt nicht mehr bei der Sache. Die kühnsten Träume erwachen in mir: Sollte es vielleicht möglich sein, daß Kai eines Tages Schreiben lernt, Lesen lernt? Warum sollte es nicht möglich sein, warum nicht? Er hat in den letzten Wochen Fortschritte gemacht, die niemand für möglich gehalten hat. Und warum sollen diese krummen Linien, die er jetzt neben mir aufs Papier kritzelt, nicht auch der erste Schritt zu neuen, ungeahnten Möglichkeiten sein?

*

Endlich weckt mich wieder einmal die Sonne und nicht Kais nasse Hose. Wenigstens unser letzter Tag in Goslar beginnt mit einem blauen Himmel. Sonntag. Morgen müssen wir wieder nach Föhrenbühl zurück. «Spatzli – aufstehen! Die Sonne scheint.» Er macht die Augen auf und grinst mich an. Offenbar war er doch schon wach. Dann klettert er von seiner Liege und krabbelt zu mir unter die Decke. Am Bein spüre ich seine nasse Hose wie jeden Morgen. Er versteckt seinen Kopf unter meiner Achsel und klopft mit der Hand auf meinen Bauch. «Willst du nicht deine Seemannshose ausziehen?» frage ich ihn, und sofort fängt er an, mit den Füßen die Hose runterzustrampeln. Dann liegen wir eine Weile still nebeneinander, sein kleines Herz pocht aufgeregt an meinen Rippen. Vorsichtig wird die Tür geöffnet. «Die Sonne scheint», sagt Mutti, «wollt ihr nicht aufstehen?» – «Ich weiß, wir kommen gleich.» Ich schiebe Kai aus dem Bett, und wir gehen ins Bad. Ich halte ihm den nassen Waschlappen hin, und er rubbelt sein Gesicht ab. «Heute werden wir mal wieder spazieren gehen.» Anscheinend findet Kai das auch, denn er legt den Waschlappen weg und trocknet sich schnell ab. Ich wasche ihn untenrum, dann rasiere ich mich. Er sitzt auf dem Klo und schaut mir zu. Anziehen, frühstücken, und dann nichts wie los. Vati und Mutti sind noch dabei, ihre Mäntel anzuziehen, da ist Kai schon auf der Treppe. «Wir gehen schon mal voraus», rufe ich zurück. Kai nimmt meine Hand, und wir wandern los.

Pfützen glänzen im Morgenlicht, wir waren lange nicht mehr draußen und atmen tief die frische Luft ein. Es ist kalt, aber der Himmel ist blau, nur in der Ferne schimmern ein paar Wolken. Am Frankenberger Teich stehen die Bäume hoch und ausgeräumt. Nur die Mistelsträucher hocken wie große, schwarze Vögel in den kahlen Zweigen. Kai zittert, es ist doch empfindlich kalt geworden. Er zieht an meiner Hand und möchte schneller laufen.

«Rennt doch nicht so!» ruft Vati hinter uns. Etwas später steigen wir gemeinsam über die Wiesen bergauf. Auf den Gräsern glitzert der Tau. Wir sprechen über die Abreise. Schade, daß die Woche so schnell vergangen ist. Es wäre viel besser für Kai, wenn wir hierbleiben könnten. Nicht, weil es ihm im Heim schlechter ginge, aber ein Heim bleibt doch immer ein Heim und kann nie ein Zuhause sein. «Ein Heim ist letzten Endes

doch immer eine Notlösung», sagt Mutti, «selbst wenn die Betreuer noch so gut sind.» – «Du meinst natürlich mich», foppe ich sie. «Die anderen kenne ich ja gar nicht», und schon kommt ihre liebevoll verpackte Kritik: «Für Kai bist du vielleicht ein guter Betreuer, aber du hast doch noch zwei Kinder. Und Oliver und Detlef sind jetzt in Föhrenbühl, warum hast du die nicht auch mitgebracht?» – «Okay», drohe ich, «nächstes Mal bringe ich das ganze Heim mit.» – «Nein», sagt Mutti, «das meine ich nicht. Ich meine, daß du zu Kai eine besondere Beziehung hast, eine, die stärker ist als zu den anderen Kindern. Sonst hättest du deine andern beiden mitgebracht.» – «Kein Wunder», versuche ich eine Erklärung, «mit Kai hatte ich ja auch die meisten Probleme.» – «Oder er mit dir», bemerkt Vati trocken: «Im Grunde sollte jeder Kai seinen Hartmut haben – und jeder Hartmut seinen Kai.»
Wir sind über unserem Gespräch auf einer kleinen Hochebene angekommen, die jenseits in Fichtenwäldern wieder abstürzt. Auf einmal läßt Kai meine Hand los und bleibt stehen. Seine Augen sind weit aufgerissen, er ist erregt. Mit der rechten Hand schlägt er immer wieder an seine Brust und stammelt dabei aufgeregt: «ich...ich...ich...» Fünfmal, zehnmal wiederholt er dieses wichtige Wort, als müsse er es sich tief einprägen. Er schaut uns nicht an, schaut geradeaus über die Wiesen, er ist bei sich angekommen. Erschüttert stehen wir um das kleine Kerlchen. Niemand sagt etwas. Nur sein Stammeln geht durch die Stille. Ich knie vor ihn hin und nehme seine Hand. «Du», sage ich, «du.» Ab heute werde ich anders Du zu ihm sagen.

*

In Föhrenbühl sind die ersten Faschingsvorbereitungen im Gange. Die Kinder basteln sich Mützen und Hüte. Manche, die es können, nähen sich bunte Röcke oder Kittel. Nachmittags sitzt Kai mit uns im Spielzimmer und schaut zu. Seit wir aus Goslar zurück sind, scheinen auch seine letzten Aggressionen verschwunden zu sein. Er wirft seine Schuhe nicht mehr durch die

Gegend, er zieht sie nicht einmal mehr aus. Bis jetzt hat er auch noch kein Kind angegriffen. Alle freuen sich auf die große Faschingsfeier, die am Samstagnachmittag stattfinden soll, und endlich ist es soweit. Eigentlich haben fast alle Kinder einen Riesenspaß daran, sich zu verkleiden. Ich bin gespannt, was Kai dazu sagt.

Bevor ich ihn anziehe, verkleide ich mich selber. Dabei lasse ich Kai zuschauen, damit er nachher keinen Schreck bekommt. Ich ziehe einen braunen, weiten Kittel an, den ich mir selber genäht habe. Um den Bauch binde ich eine derbe, weiße Kordel. Dann male ich einen dunklen Schnurrbart auf meine Oberlippe und zeichne die Augenbrauen nach. Auf den Kopf setze ich eine große runde Pelzmütze. Jetzt noch die Hosenbeine in die Stiefel gesteckt, und der Kosakenhauptmann ist fertig. Kai hat jede meiner Bewegungen verfolgt, nun sagt er traurig – fast klingt es wie eine Frage – «Hamu?» – «Ja», antworte ich, «der Hartmut sieht jetzt ein bißchen anders aus, und aus dir machen wir gleich einen ganz lustigen Clown.» Zuerst male ich ihm die Backen rot, dann schmiere ich rund um seinen Mund Niveacreme und tupfe weißen Puder darauf. Er läßt es geschehen, hält ganz still und schaut mich nur verwundert an. Auf Lippenstift verzichte ich lieber, er wird ihn doch nur ablecken. Um seinen Hals binde ich eine breite rote Halskrause aus Kreppapier. Nun nur noch die weiße, spitze Mütze mit den roten Punkten. Aber das hatte ich mir schon gedacht: Kai will sie nicht, er setzt sie wieder ab.

Im Eßzimmer werfen Oliver und Detlef Luftschlangen durch die Gegend. Joachim und Thomas haben die Tische in einer Ecke aufeinander gestapelt und stellen die Stühle im Kreis auf. Ich setze Kai in eine Ecke und helfe. Nach und nach kommen die Kinder. Uli ist als Matrose verkleidet, und er findet das alles ungeheuer komisch. Er muß so lachen, daß der ganze Rollstuhl wackelt. Giselheid hat Kuchen gebacken und bringt jetzt den dampfenden Kakao herein. Wir werden den Nachmittag mit einem kleinen «Kaffeeklatsch» beginnen. Kai möchte nichts, er sitzt in seiner Ecke und sieht gar nicht glücklich aus. Ich nehme ihn auf den Schoß, und wir schauen den anderen zu. Detlef und

Oliver tragen einen kleinen Sketch vor, den sie sich selber ausgedacht haben. Es geht dabei um eine Ziege, das ist Oliver, und Detlef spielt einen Bauern, der die Ziege verkaufen will. An einem Bindfaden führt er seine Ziege von einem Kind zum andern und preist ihre Vorzüge. Oliver versucht dabei immer zu meckern, aber in Wirklichkeit lacht er die ganze Zeit und verschluckt sich fast. Der Bauer ist mit seiner Ziege inzwischen bei Kai und mir angekommen. «Ich kaufe die Ziege, wenn sie aufhört zu meckern», verhandle ich mit Detlef. Oliver hockt am Boden und lacht noch mehr. Da streckt Kai die Hand aus, Oliver zuckt zurück, aber zärtlich, fast behutsam streichelt Kai ihm über den Kopf. Die Ziege hört auf zu lachen. Detlef zerrt am Strick, und die beiden ziehen weiter.
Ich schaue Kai an. Seine Augen sind ungeheuer traurig, nichts von dem schelmischen Lachen, das manchmal darin aufblitzt. «Kai, was ist?» Aber er rührt sich nicht. Mein trauriger, kleiner Clown, was geht nur in dir vor? Ich glaube nicht, daß er weinen wird, diese Traurigkeit ist tiefer als jener Schmerz, der Tränen auslöst. Ich ertrage sein buntbemaltes Gesicht nicht mehr, diesen weißen, halbgeöffneten Mund, der heute nicht lachen kann. «Komm», ich stelle Kai auf die Füße, und wir gehen hinaus. Als erstes mache ich ihm diesen schrecklichen Kragen ab, dann wasche ich sein Gesicht. Im Kinderzimmer setze ich mich neben ihn aufs Bett, lege meinen Hut weg. «Spatzli, du mußt doch nicht traurig sein, willst du Musik machen?» Ich hole die Mundharmonika aus der Schublade und gebe sie ihm. Er nimmt sie und legt sie aufs Bett. Langsam lehnt er seinen Kopf an meine Schulter. Ich schweige. Und dann weint er doch. Stumm, ohne ein Schluchzen fallen seine Tränen auf mein Knie. Ich versuche nicht, ihn zu trösten. Es ist sicher genug, daß er jetzt meine Schulter hat, an die er seinen Kopf lehnen kann. Worüber mag er nur weinen? Ich lasse die letzten Tage an mir vorüberziehen. Eigentlich ist nichts passiert, im Gegenteil, Kai war so lieb wie nie zuvor, selbst die Mahlzeiten sind alle ruhig verlaufen.
Vielleicht muß ich gar nicht nach einem bestimmten Grund suchen, es gibt vielleicht gar keinen. Ich kenne das von mir selber,

daß einen manchmal eine Traurigkeit überfällt, von der man nicht weiß, woher sie kommt.
Kai rückt ein Stück von mir weg und legt seinen Kopf in meinen Schoß. Das Weinen hat aufgehört, die Wolke ist vorübergegangen. Er hat die Augen geschlossen und atmet ruhig. Ich greife nach der Mundharmonika und spiele das Lied vom Fährmann: «Fährmann, Fährmann, wer holt uns über? Fährmann, Fährmann, komm und hol über. Über, über, über....»
Und auf einmal weiß ich nicht, warum ich so traurig bin, warum ich selber am liebsten weinen würde.

*

Es ist kalt geworden. Wir haben ja schon Ende Oktober. Die Kinder spielen im Zimmer, aber Kai möchte nach draußen. Ich ziehe ihm den gefütterten blauen Anorak an. Die Kapuze schiebt er wieder runter. Auch die roten Handschuhe, die an einer Schnur aus den Ärmeln baumeln, will er nicht anziehen.
So steht er seit einer Stunde draußen, wiegt sich von einem Bein aufs andere, wackelt mit den Händen. Ab und zu gehe ich vor die Haustür, um nach ihm zu schauen.
Eine kleine blonde Frau kommt auf der Asphaltstraße daher. Sie trägt einen braunen Wintermantel und geht sehr schnell. Ich kenne sie nicht. Etwa dreißig Meter ist sie noch vom Haus entfernt, da setzt sich Kai in Bewegung, läuft ihr entgegen, laut aufschreiend, ein einziges, ein wunderbares Wort: «Mami.» Die Frau nimmt das Kind in die Arme. Ich stehe wie angenagelt. Hand in Hand kommen die beiden näher. Ich kenne die Frau doch. Schon lange. Wir müssen uns nicht mehr vorstellen. Stumm drücken wir uns die Hand. Es ist so viel passiert, daß wir nicht sprechen können.
Nachdem Kais Mutter Giselheid begrüßt hat, gehen wir spazieren. Kai läuft zwischen uns. «Wissen Sie», beginnt seine Mutter, «das war das erste Mal...» Sie findet nur langsam die Worte. «Kai hat schon mal Mami gesagt, aber das ist acht Jahre her. Ja, acht Jahre sind es jetzt seit der Operation. Er hatte damals ange-

fangen, ein wenig zu sprechen, und da hat er auch Mami gesagt. Aber dann mußte er über ein halbes Jahr in Gips liegen wegen seiner Hüftluxation. Danach hat er dann nicht mehr gesprochen. Ich glaube», fährt sie fort, «das Schlimmste war, daß die Ärzte mich nicht zu ihm gelassen haben. Ich durfte ihn während der ganzen Zeit nicht besuchen.» Und mit einem Gefühl der Bitterkeit setzt sie hinzu: «Damit haben sie auch noch das letzte kaputtgemacht.» Betroffen erfahre ich nun nach und nach die Geschichte dieses kleinen Menschen: von der komplizierten Geburt über die Operation bis hin zu all den Problemen, die ich schließlich selber miterlebt hatte.

Als Kais Mutter dann nach einigen Stunden wieder abreisen muß, bin ich ihm noch näher gekommen, denn ich habe jetzt das von ihm kennengelernt, was jeder Mensch verborgen mit sich herumträgt: seine Vergangenheit.

Am Abend fährt Thomas nach Brachenreuthe, die Milch holen. Ich möchte mitfahren. Vielleicht ist Michael noch wach, und bestimmt treffe ich Rosemary. Detlef möchte auch mitkommen. Wenn er mal eine Stunde später ins Bett kommt, das macht ja nichts. Wir nehmen ihn mit.

Thomas stellt den Wagen vor dem Bauernhof ab und macht sich mit Detlef ans Einladen der Milchkannen. Ich gehe hinauf zum Heim. Die Fenster der Kinderzimmer sind schon dunkel. Ich öffne die Haustür. Auf der Treppe sitzen Rosemary und Jeannette. Sie rauchen. Rosemary springt auf: «Hallo, Hartmut, was machst du denn hier?» – «Ich bin der Milchmann und wollte Michael besuchen.» – «Er ist bestimmt noch wach, ich habe erst vor fünf Minuten das Licht ausgemacht.» Wir gehen hinauf, Michael liegt mit offenen Augen im Bett. Seine Augen leuchten, er freut sich, ich freue mich mit ihm. «Na, Käpt'n, alles klar?» Sein kleiner Arm kommt mir entgegen. Ich drücke seine Hand. «Bist du schön brav gewesen?» Er lacht. «Hier hast du einen Kuß, der muß aber zwei Wochen reichen.» Ich streiche das Haar aus seiner Stirn, sie ist heiß und feucht. Aber darunter schauen mich zwei glückliche Augen an. Wir gehen hinaus. «Komm öfter», sagt Rosmary, «er freut sich wirklich.» –

«Ich weiß», sage ich «aber soviel Milch können wir gar nicht brauchen. Bis bald.» – «Bis bald.»
Thomas und Detlef sitzen schon im Auto. Thomas läßt den Motor an. «Nein, wart, ich möchte Detlef noch den Kuhstall zeigen.» Ich weiß gar nicht, warum. Vielleicht ist es auch nur meine eigene Sehnsucht, wieder einmal in den Kuhstall zu gehen. Detlef steigt aus, wir laufen um den Stall, ich schlage den eisernen Riegel zurück, knipse das Licht an. Da stehen die schwarzen Hintern der Kühe in einer Reihe. Regungslos hängen die Schwänze herunter. Detlef sieht sich um. Er bemerkt die Fliegenfänger, die alle paar Meter von den Dachbalken herunterbaumeln. «Guck mal», sagt er dann, «die Kühe feiern Fasching.»

*

Im Eßzimmer ist es fast dunkel. Nur eine einzige große Kerze, die auf einem Baumstumpf in der Mitte steht, verbreitet etwas Licht. Um den Baumstumpf herum haben wir eine große Spirale aus Moos gelegt, die einen schneckenförmigen Weg bis zur Kerze bildet. Das ist unser Adventsgarten. Die Kinder sitzen andächtig und mit leuchtenden Augen in einem großen Kreis. Giselheid spricht den Spruch: «Erst wenn ich Lichtes denke, leuchtet meine Seele – Erst wenn meine Seele leuchtet, wird die Erde ein Stern – Erst wenn die Erde ein Stern ist, bin ich wahrhaft Mensch.» Dann stimme ich ein Lied an: «Macht hoch die Tür, die Tor macht weit.» Thomas verteilt an jedes Kind eine Kerze, und nun darf Uli den Anfang machen. Thomas hebt ihn aus dem Rollstuhl und trägt ihn durch die Spirale bis zu der großen Kerze. Dort zündet Uli seine Kerze an. Die kleine spastische Hand zappelt über dem Licht und wirft große Schattenspuren an die Decke. Es dauert eine Weile, bis die Dochte zueinanderfinden, endlich brennen zwei Kerzen. Thomas stellt Ulis Kerze ins Moos und bringt den kleinen Spastiker in den Rollstuhl zurück. Die fahrige Hand wird wieder angebunden. Als nächster geht Detlef in den Adventsgarten. Stolz hält er seine brennende Kerze hoch, bevor er sie im Moos abstellt. Und so geht, während wir singen, ein Kind nach dem anderen den geschwungenen Weg zwischen dem Moos entlang zur Mitte und zündet sein Licht an. Im Zimmer wird es heller und heller. Die Kinder lieben diesen schönen Brauch. Sie verstehen zwar nicht, daß er ein Symbol für die Wintersonnenwende ist, aber sie fühlen doch, worauf es ankommt: daß wir alle dazu beitragen sollen, daß es in dieser Welt heller wird – und auch in uns. Nur Oliver verbindet mit dieser Adventsfeier natürlich noch andere Gefühle. Ihn faszinieren die vielen brennenden Kerzen und am liebsten hätte er sie alle selber angezündet.

Jetzt ist Kai an der Reihe. Aber er ist unruhig und sträubt sich, mit mir zu der großen Kerze zu gehen. Er will nicht einmal seine eigene Kerze in die Hand nehmen. Also gehe ich alleine und zünde die Kerze für ihn an. Gerade als ich sie abstellen will, greift Kai völlig überraschend nach Ulis Haaren. Zieht. Beide Kinder schreien. Ich springe hin, fasse Kai aber nicht an. «Laß los!» sage ich nur langsam, sage es laut und deutlich. Und Kai läßt los. Er weicht zwei Schritte zurück, er zittert wieder, er weint wieder. Ich fühle in mir eine maßlose Enttäuschung und gehe schweigend zur Tür. Zögernd folgt er mir. Im Flur setze ich mich auf die Bank. «Oh, Spatzli, ich dachte, sowas haben wir längst vergessen.» Er steht jetzt vor mir und sieht mir unsicher in die Augen. Ich glaube, daß er merkt, wie traurig ich bin, denn er legt seine Hände auf meine Knie und schaut sie bekümmert an. «Sie sind schuld, nicht ich», scheint er mit dieser Geste sagen zu wollen. «Ist schon gut», tröste ich ihn und streichle seine Hände. Ja es ist schon gut, von drinnen höre ich, daß die Kinder wieder singen.

*

Die Haustür steht offen. Giselheid, die nach dem Abendessen das Eßzimmer saubergemacht hat, bemerkt es als erste. Sofort kommt sie ins Badezimmer: «Wo ist Monika?» Ich stutze, ich hatte sie doch gerade gesehen. Eben stand sie doch noch neben mir am Waschbecken, nackt, nur mit einem Unterhemd. War es wirklich eben? Oder war es vor zwei Minuten? Vor drei? Diesmal ist Monika wirklich weg. Die Fußspuren im frischgefallenen Schnee auf der Terrasse beweisen es. Es sind nicht ganze Fußabdrücke. Nur jeweils fünf kleine Zehen zeichnen sich ab. Das ist eindeutig Monika. Auf Zehenspitzen tippelt sie jetzt irgendwo durch die Nacht. Aber allzuweit kann sie nicht sein, ich hatte sie ja eben noch gesehen. Und außerdem schneit es noch, die Spuren müssen ganz frisch sein. Thomas und ich rennen los. «Schick die Kinder ungewaschen ins Bett!» rufe ich noch Giselheid zu. Wir laufen zwar, aber wir sind nicht in Panik. Dank der Spuren werden wir sie jeden Augenblick gefunden haben. Es ist zwar schon dunkel, aber der helle Schneehimmel reflektiert genügend Licht. Und aus den anderen Häusern fällt der Schein der abendlichen Lampen über den Weg.

Aber wir müssen uns doch beeilen, denn es schneit stärker, und die Abdrücke im Schnee werden zusehends flacher und wollen sich auflösen. Jetzt laufen wir schneller, schauen nicht mehr nach den Spuren, denn bis zur Wegbiegung, wo der Zaun vor dem Tannenwald steht, kann Monika die Straße nicht verlassen haben. Dort machen wir keuchend halt. Hier kann sie nach rechts die Wiese hinuntergelaufen sein oder aber nach links weiter die Straße hinauf. Aufmerksam untersuchen wir den weißen Teppich. Nichts. Nur die Furchen unseres eigenen Trabes sprechen davon, daß hier jemand gewesen ist. Sonst glatte, weiße Bahn, von nichts und niemandem berührt. Unsere Herzen klopfen vom Laufen. Wir wollen uns nicht eingestehen, daß auch schon die Angst darin pocht. Thomas tut sofort das Richtige. «Lauf zurück», kommandiert er, «Giselheid soll alles mobil machen, was irgendwie weg kann. Die Hälfte soll den Hang runter abkämmen. Die anderen sollen links um den Berg suchen und da drüben. Ich gehe jetzt in Richtung Heiligenberg. Komm du nach, aber nimm den Fußweg, weil ich über die Straße gehe. Da mein Weg länger ist, treffen wir uns wahrscheinlich oben vorm Schloß.»

Ich laufe zurück, schaue dabei nach allen Seiten. Aber es ist aussichtslos, hier kann sie nicht mehr sein. Atemlos stürze ich ins

Haus. Da ich allein komme, weiß Giselheid auf der Stelle, daß wir sie nicht gefunden haben. Sie ist blaß. Das durfte einfach nicht passieren. Und wir wagen gar nicht daran zu denken, was geschehen wird, wenn wir Monika nicht innerhalb kürzester Zeit gefunden haben. Keuchend sage ich, was zu tun ist. «Wenn ihr in einer Viertelstunde nicht zurück seid, rufe ich die Polizei an», sagt Giselheid. Ich bin schon wieder an der Tür, da ruft sie mich noch mal zurück: «Nimm wenigstens die Jacke», und im Laufen ziehe ich mir den Anorak an.

Oben, wo Straße und Fußweg sich trennen, verlangsame ich meinen Schritt. Ich muß jetzt Ausschau halten, kann nicht so weiterrennen. Meine Uhr zeigt zwanzig nach acht. Vielleicht sind inzwischen zehn Minuten vergangen. Aber mehr kann es sicher nicht sein. Ich stapfe den steilen Pfad hinauf, beklemmende Stille umfängt mich. Lautlos fallen die Schneeflocken. Nur nicht denken! Ich denke trotzdem. Es sind furchtbare Bilder, die auf mich einstürmen, Bilder, in denen Monika erfriert oder erfroren ist. Ich versuche sie wegzuschieben, aber wie der Schnee fallen sie unerbittlich über mich her. Wohin ich auch schaue, kommen mir aus der Nacht diese Bilder entgegen. Nur Monika ist nirgends zu sehen.

Ich bin froh, endlich Thomas zu treffen. Er sitzt auf einem Kilometerstein, zitternd, frierend. Er hat nur ein Hemd an. Wir sagen nichts. Jeder zuckt mit den Achseln. Schweigen. Wir wissen, daß es von hier aus zwecklos ist weiterzusuchen. Jedenfalls zu zweit. Es gibt tausend Richtungen, wir müssen umkehren. Ich gebe Thomas meine Jacke. Natürlich will er sie nicht. «Sei nicht blöd, wir können uns ja abwechseln», fahre ich ihn an, und dann füge ich leise hinzu: «Monika hatte nur ein Unterhemd an.» Dann schweigen wir wieder, gehen doch weiter, in irgendeiner Richtung. Nach fünf Minuten bleibt Thomas abrupt stehen: «Es ist völlig zwecklos, völlig. Wenn wir nicht systematisch suchen, dann können wir geradesogut nach Hause gehen und Lotto spielen.» Schweren Herzens entschließen wir uns, umzukehren. «Da», sagt Thomas auf einmal, «am Waldrand bewegt sich etwas.» – «Nein, das sind zwei», schüttle ich

den Kopf, und kurz darauf erkennen wir sie. Es sind Jeff und Hildegard. Wir rufen. Und dann stehen wir zu viert auf der Straße und beraten. Wer ist wo gewesen? Wer nimmt jetzt welche Richtung?
Motorengeräusch unterbricht uns. Rasch nähert sich ein Auto, eine Kurve noch den Berg herauf, dann trifft uns der Scheinwerfer, blendet uns. Erst als der Wagen neben uns hält, erkennen wir, daß es ein Polizeiauto ist. Der Beamte beugt sich aus dem Fenster. «Macht, daß ihr nach Hause kommt, wir haben das Mädchen. Unten in Frickingen hat eine alte Frau sie auf der Straße aufgesammelt. Und da war ja gleich klar, daß das Kind zu euch gehört. Paßt nächstes Mal besser auf.» Der Wagen setzt sich in Bewegung, läßt uns im Dunkel zurück. Frickingen, das sind zwei Kilometer. Hildegard lehnt sich an ihren Verlobten. Ich höre, daß sie weint.
Im Flur stehen sechs Mitarbeiter herum. Acht oder neun müssen noch unterwegs sein. Giselheid erzählt gerade zum dritten Mal, daß Monika schon schläft, daß es ihr gut geht, daß der Arzt sie untersucht hat. Mit Galgenhumor fügt Thomas hinzu: «Warum sollen die Kinder nicht auch mal eine Kneipp-Kur machen?» Aber keiner will so richtig darüber lachen. Wir setzen uns ins Eßzimmer und reden über das Problem der Aufsicht. Selbst bei einer kleinen Kindergruppe ist es fast unmöglich, immer alle im Auge zu behalten. «Man muß ja auch nicht alle im Auge behalten», wendet Hildegard ein, «aber wenigstens die, bei denen man weiß, daß sie weglaufen oder daß sie was anstellen!» Thomas kann es nicht lassen: «Also die Rollstuhlkinder», witzelt er. Uns ist klar, daß er damit die Angst überspielen will, die uns allen noch immer in den Knochen steckt.
Nach und nach trudeln die anderen Suchtrupps ein. Die letzten kommen um halb elf. Sie wollten einfach nicht aufgeben. Spät sagen wir einander Gute Nacht. Wir wissen, daß wir heute gut schlafen werden.

*

Die kahle, blaßgelbe Wand über Kais Bett ärgert mich. Überhaupt das ganze Zimmer wirkt so kahl. Das einzige, was inzwischen dazugekommen ist, sind die roten Gardinen am Fenster. Man könnte jetzt eigentlich ein paar Bilder aufhängen. Oder nein – ich habe eine bessere Idee: Ich werde ein Bild direkt an die Wand malen, über die ganze Wand, von der Decke bis runter zum Bett. Ich spreche mit Giselheid, und sie ist einverstanden. Gleich am nächsten Morgen, während die Kinder in der Schule sind, grundiere ich die Wand mit weißer Farbe. Ich bin zwar kein guter Maler, aber die Hauptsache ist, daß etwas fröhlichere Farben ins Zimmer kommen. Und die Kinder werden schon genug Phantasie haben, um zu erkennen, was es sein soll. Es macht mir Spaß, wie sich die bunten Wachsfarben allmählich ordnen, wie langsam das auf der Wand erscheint, was ich mir in meinem Kopf wenigstens so ähnlich vorgestellt hatte.

Nach drei Tagen ist das Bild fertig. In Überlebensgröße steht der heilige Georg auf dem Drachen und stößt ihm eine Lanze in das aufgerissene Maul. Der Drache liegt genau über Kais Bettkante. Den Kopf hat er weit zurückgebogen, dem Heiligen entgegen. Das Tier habe ich in braunen und grünen, etwas schmutzigen Farben gemalt. Sankt Georg steht aufrecht, ganz gerade, über seine Schulter fällt ein leuchtend roter Mantel. Schräg wie ein Lichtstrahl zerteilt die Lanze das Bild. Am Abend zeige ich es stolz den Kindern. Detlef, Oliver und ich hocken vor Kais Bett, und ich erzähle die Geschichte von Georg und dem Drachen. Auf dem Bett sitzt Kai im Schneidersitz und schaut abwechselnd zu mir und auf die Wand. «Wißt ihr», sage ich zum Schluß, «mit dem Drachen muß jeder kämpfen, gell Oliver, du kennst deinen kleinen Feuerdrachen doch ganz gut. Alle haben so einen Drachen, ich auch. Aber wir sind alle stark genug, und wir können ihn auch besiegen. Der Heilige Georg hat es uns vorgemacht, und der Engel Michael hilft uns dabei.» Ich nehme Kais aufgeregte Hand, um ihm Gute Nacht zu sagen. Dabei habe ich ein Gefühl, als ob ich ihm gratuliere. Ja, Kai hat von uns vieren wohl mit dem schlimmsten Drachen kämpfen müssen. Und er hat es gut gemacht.

«Spatzli», höre ich mich sagen, «du bist ganz, ganz groß.» Er zieht seine Hand weg, dreht sich zur Wand und kratzt dem Drachen über den Kopf. «Drachen böse», murmelt er dabei. Vier weiße Spuren laufen über den grünen Kopf.
Dem Drachen war kein langes Leben beschieden. Nach drei Wochen hat Kai ihn abgekratzt, vollständig. Es tut mir nicht leid um mein Bild; daß Kai den Drachen abgekratzt hat, ist mehr wert, als daß ich ihn hingemalt habe. Und über dem schmutzig-weißen Fleck steht noch leuchtend wie vorher der Heilige.

*

Im ganzen Haus herrscht schon seit Tagen eine fast unheimliche Stille. So ruhig war es sonst nur, wenn die Kinder in den Ferien waren. Aber die Kinder sind alle da – sie liegen fiebernd in ihren Betten, eine Grippewelle hat innerhalb einer Woche nahezu das ganze Heim erfaßt. Von den Mitarbeitern in unserem Haus hat es auch Thomas und Joachim ziemlich schwer erwischt. Einzig Giselheid und ich sind noch auf den Beinen. Wir haben uns geschworen, daß wir immun sind, und vielleicht hilft uns dieser eiserne Wille wirklich, denn bis jetzt sind wir verschont geblieben. Wir wissen ganz genau, daß die Katastrophe endgültig ist, wenn wir uns jetzt auch noch hinlegen. Schweigend und verbissen führen wir unseren einsamen Kampf gegen Fieber, Erbrechen und Durchfall. Zweimal am Tag kommt der Arzt, aufmerksam untersucht er jedes Kind, nimmt sich stundenlang Zeit. Aber mit Verschreibungen ist er äußerst sparsam. «Eine richtig auskurierte Grippe ist der beste Schutz gegen die nächste Grippe», hat er uns erklärt. Fiebersenkende Mittel sollen deshalb nur im schlimmsten Fall verabreicht werden. Unsere schlimmsten Fälle heißen Uli und Kai. Bei beiden ist das Fieber heute nachmittag auf fast 40 Grad angestiegen.
Wir stehen an Kais Bett. Er ist totenblaß, von der Stirn perlt kalter Schweiß über seine flackernden Augenlider. Lautlos reden seine Lippen mit niemandem. «Alle Stunde Fieber messen»,

ordnet der Arzt an, «wenn es innerhalb von vier Stunden nicht fällt, müssen wir spritzen. Aber ich glaube, er schafft es so», fügt er noch hinzu. Mit einem Taschentuch tupft er Kai den Schweiß von der Stirn und geht hinüber zu Uli.
Ich bleibe am Bett sitzen. Eine Stunde, zwei. Draußen dämmert es. Giselheid kommt mit der Medizin und dem Tee für Detlef und Oliver. Wir müssen sie wecken, sie sind inzwischen eingeschlafen. Fiebermessen. Kais Temperatur ist unverändert hoch. «Soll ich den Doktor rufen?» fragt Giselheid. «Warte noch», sage ich. Dann bin ich wieder mit den Kindern allein. Immer wieder lege ich Kai ein feuchtes Tuch auf die Stirn, aber er wälzt sich so unruhig hin und her, daß der Umschlag ständig runterfällt. Gegen acht Uhr wird er ruhiger, er spricht jetzt nicht mehr, auf seiner Oberlippe entdecke ich kleine Fieberbläschen. Noch einmal messe ich Fieber: 38'4. Von nun an kann ich regelrecht zuschauen, wie das Fieber fällt. Um halb zehn hat er nur noch 37'8. Es ist geschafft. Ich will gerade die Kerze auslöschen, da schlägt er die Augen auf. Es ist fast kein Blick in ihnen, glänzend und ziellos kehren sie langsam aus einem schrecklichen Traum zurück. Dann flüstert er zweimal «Mami.» Die Augen fallen ihm wieder zu, und ich fühle seinen Schlaf voraus. Behutsam küsse ich ihn auf die Stirn und gehe hinaus.
Ich rufe seine Mutter an. Sie ist noch in ihrem Büro, und offenbar störe ich sie. Bei dem Wort «krank» horcht sie jedoch auf, und ich muß sie gleich beruhigen. Ich erzähle, daß es Kai viel besser geht, vor allem aber, daß er im Fieber «Mami» gesagt hat. Die Stimme am anderen Ende der Leitung wird gedämpft, aber bestimmt: «Hören Sie, Hartmut, legen Sie jetzt bitte auf – ich rufe in einer halben Stunde zurück.» Ich bin beunruhigt und überlege, ob es falsch war, in München anzurufen. Aber zwanzig Minuten später klingelt das Telefon. Es ist Kais Mutter: «Eigentlich wollte ich erst übernächstes Wochenende kommen, aber jetzt mache ich halt mal zwei Tage frei. Morgen gegen Mittag bin ich da. Würden Sie mir noch in Heiligenberg für eine Nacht ein Zimmer bestellen?» – «Gerne», stammle ich, «... und danke.» – «Bis dann», und ein Klicken in der Leitung.

Ich lege den Hörer weg. Ja, ich bin dankbar. Kai hat im Fieber «Mami» gesagt, und er wußte nicht, wie weit sie fort war. Jetzt, wo es ihm besser geht, wird er nicht mehr «Mami» sagen. Aber tief in seinem Inneren wird dieser Hilferuf weiterpochen, auch wenn er ihn nicht mehr laut werden läßt.

*

Die Begrüßung am nächsten Tag ist ganz verhalten. Ich habe Kai darauf vorbereitet, daß die Mami kommt, ohne daß er irgend ein Zeichen der Freude gezeigt hätte. Jetzt stehen wir vor seinem Bett. Kai hat sich aufgerichtet. Er sagt nichts, aber er streckt zögernd seiner Mutter die Hand entgegen. Nicht so, wie man jemandem die Hand gibt; er hält ihr die geöffnete Handfläche hin. «Es ist gut, daß Sie gekommen sind», sage ich zögernd, während sie seine Hand ergreift. Dann gehe ich hinaus und helfe Giselheid beim Kochen. Noch müssen alle Kinder im Bett gefüttert werden. Ich bitte Kais Mutter, solange spazieren zu gehen, denn es ist immer noch verhältnismäßig schwierig, Kai zu füttern. Ich möchte sie den letzten Punkt, in dem Kai problematisch ist, nicht sehen lassen. Aber Kai läßt sich anstandslos füttern, und wie er mit großen Augen seinen Haferschleim mampft, tut es mir fast leid, daß ich seine Mutter weggeschickt habe. Später sitzt sie wieder an seinem Bett und liest ihm und auch Detlef und Oliver den ganzen Nachmittag Märchen vor.
Spät am Abend fahren wir nach Heiligenberg. Es gibt noch etwas zu besprechen. «Sie wissen ja, Hartmut, daß ich immer ein bißchen Angst vor Kai hatte – und das ist heute, das muß ich leider zugeben, immer noch so.» Wir sitzen bei einem Glas Wein, und vor uns steigen Zukunftsträume auf. Kais Mutter hat jetzt den Mut, die Sommerferien gemeinsam mit Kai zu verbringen. Irgendwo, in Griechenland oder in Spanien. Aber sie bittet mich, mitzukommen. Sie muß mich nicht bitten, im Gegenteil. Irgendwie leide ich ja schon jetzt darunter, daß bald mein Ersatzdienst zuendegeht, und daß ich dann Kai seinem

Schicksal überlassen muß. Nun taucht plötzlich eine Zukunft vor mir auf, in der das Band nicht ganz zerrissen ist. Ich werde nur vier Monate von Kai getrennt sein. April, Mai, Juni und Juli. Und dann werden wir gemeinsam ans Meer fahren.
Unser Gespräch hat nur eine halbe Stunde gedauert, aber schon ist der Sommer fest verplant. Wir freuen uns wie zwei Kinder. Dann sagt Kais Mutter plötzlich: «Ich möchte Ihnen außer den Ferien gerne noch etwas anbieten. Wir sollten ‹Du› sagen. Wenn zwei Menschen so intensiv mit Kai zu tun gehabt haben, dann ist es eigentlich unmöglich, noch ‹Sie› zu sagen.» Wir sparen uns den üblichen Zutrunk, wir wissen unsere Vornamen. «Du hast recht», sage ich nur und biete Maria eine Zigarette an.

*

Wir haben den Tisch gedeckt wie für einen Geburtstag. In der Mitte steht ein großer Blumenstrauß, und es brennt eine Kerze. Ein Platz ist mit Blumen eingerahmt. Alle sitzen schon bei Tisch und warten ungeduldig, daß unser Besuch kommt. Da geht die Tür auf, und Arnd kommt hereingetorkelt. Mit lautem Knall schlägt er hinter sich die Tür ins Schloß. Er lacht, und sein Gesicht kommt mir entgegen wie ein Sonnenaufgang. Stürmisch umklammert er meinen Hals. Ich schleppe ihn so zum Tisch und zeige ihm die Blumen. Schnell setzt er sich hin und schiebt die Blumen von seinem Platz weg: er verteilt sie. Jedes Kind bekommt eine Blume, und die letzte legt er mir auf den Teller. Triumphierend schaut er mich an, und ich schüttle ihm «ganz offiziell» die Hand. Ein paar Kinder klatschen in die Hände. Es ist ein komisches, ein lustigtrauriges Fest, denn dies ist Arnds Abschiedsbesuch. Er wird uns verlassen. Auf der Lehrerkonferenz ist festgestellt worden, daß Arnd nicht in ein Heim für Behinderte gehört, sondern auf eine Taubstummenschule. Mit seiner spastischen Lähmung wird er selber blendend fertig, aber bald kommt er in die Pubertät. Da er nichts hört – und wahrscheinlich kann er nur deswegen nicht sprechen, denn sein Kehlkopf und die Stimmbänder sind medizinisch gesehen völlig

in Ordnung –, gibt es in seinem Kopf sicher nur Bilder. Aber er hat keine Begriffe. Alles, was wir abstrakt nennen, hat ihn nie gestreift. Er kennt keine Worte wie «ich» oder «du» oder «Gott». Vielleicht ist er darum so glücklich und immer fröhlich. Aber mit der Pubertät wird er auf sich selbst stoßen, und er wird unweigerlich aus seiner Traumwelt herausfallen. Die Eltern sind verständigt worden und haben sehr schnell einen Platz für Arnd in einer Spezialschule gefunden.
Nun sitzt er bei uns am Tisch und ißt sein Abschiedsessen, in «seinem» Haus wird er sich anschließend verabschieden. Die Mahlzeit ist beendet, großes Händeschütteln, die meisten Kinder ahnen gar nicht, daß es ein Abschied ist, denn Arnd lacht sein nie versiegendes, beglückendes Lachen. Dann torkelt er davon, einer neuen Zukunft entgegen, in der er lesen und schreiben wird... und vielleicht sogar sprechen.

*

31. März. Mein Ersatzdienst ist zu Ende. Die meisten Kinder sind schon in die Osterferien gefahren. Sogar Detlef mußte diesmal nicht hierbleiben. Ulis Eltern haben ihn eingeladen. So wird er zum erstenmal in seinem Leben für etwa zehn Tage in einer richtigen Familie sein. Und sicher wird er sich rührend um den kleinen Spastiker kümmern, und genauso aufmerksam werden Ulis Eltern für Detlef sorgen. Wahrscheinlich wird ein ganz anderer Detlef aus diesen Ferien zurückkommen. Aber ich werde das nicht mehr erleben, denn dann werde ich schon in Detmold sein und mein Musikstudium beginnen.
Jetzt packe ich Kais Koffer. Meine Sachen sind schon reisefertig, ein großer Karton mit Wäsche und Büchern ist bereits auf der Bahn und unterwegs nach Goslar. Gegen Mittag kommt Maria. Kai freut sich sehr, umarmt sie und streichelt ihre Wange. Aber wir können uns nicht so recht freuen. Beim gemeinsamen Mittagessen schweigen wir lange. Zwischendurch versuchen wir uns mit dem Gedanken an die Sommerferien zu trösten, die wir mit Kai zusammen in Spanien verbringen werden. Bis August sind

es ja nur vier Monate, dann sehen wir uns wieder. Spätestens dann sehe ich Kai wieder. Aber was wird bis dahin geschehen, was kann bis dahin alles geschehen? Ich habe ein ungutes Gefühl, von Kai wegzugehen. Alles was gewesen ist, Gutes wie Schlechtes, hat uns so tief aneinandergebunden, daß eine Trennung ohne Schmerzen unmöglich geworden ist. Und bei Kai besteht einfach die Gefahr, daß diese Schmerzen in neue Aggressionen umschlagen werden. Nein, wir müssen daran glauben, daß es weiter bergauf gehen wird, wir wollen daran glauben.
Ich habe Kai gesagt, daß ich weggehen muß, aber er hat es wohl nicht recht begriffen. Er freut sich darauf, mit Mami Auto zu fahren, und vielleicht denkt er, daß ich mitfahren werde. Fröhlich klettert er ins Auto. «Sei schön lieb zu Hause.» Ich fahre nochmal mit der Hand durch sein blondes Haar. Ich habe wahnsinnige Magenschmerzen. «Das sind die Nerven», sagt Maria. «Du mußt jetzt an dein eigenes Leben denken. Und wir telefonieren mal.» Der graue Fiat setzt sich in Bewegung. Maria winkt aus dem offenen Fenster. Über der Rückenlehne sehe ich Kais Gesicht. Ich renne hinter dem Auto her, ich renne hinter Kai her. Der Wagen verschwindet in der Kurve am Wald. Atemlos bleibe ich stehen.
Ich kann nicht glauben, daß die Sonne scheint, aber sie scheint. Ich kann nicht glauben, daß am Weg die ersten Krokusse blühen, aber sie blühen. Meine Magenschmerzen werden schlimmer. Ich setze mich auf die niedrige Mauer am Straßenrand. Ich weiß nicht einmal, ob ich traurig bin, mir ist nur furchtbar elend zumute.

*

Kais Mutter hat nicht recht behalten. Es waren nicht die Nerven. Ich bin jetzt drei Tage zu Hause, und es ist nicht besser geworden. Meine Eltern schicken mich zum Arzt. Zwei Stunden später bin ich im Krankenhaus: infektiöse Hepatitis. Isolierstation. Damit steht fest, daß ich vorerst nicht studieren werde, sondern daß ich sechs Wochen im Bett liegen darf. Auf einmal habe ich Zeit, viel zu viel Zeit, um nachzudenken. Bestimmt ist es richtig, daß ich studieren will, aber wieso muß es ausgerechnet Musik sein? Gut, das war mein Wunschtraum seit der ersten Klavierstunde. Damals war ich acht Jahre alt. Immer mehr hatte sich die Idee in mir festgesetzt, daß ich Dirigent werden müsse. Nur mit zwölf Jahren war ich von dieser Idee kurzfristig abgekommen. Ich hatte einen spannenden Seeräuberroman gelesen und wollte auf einmal Pirat werden. Aber bald hatte ich erkannt, daß dieser Beruf ausgestorben war und längst weniger romantischen Versionen Platz gemacht hatte. Dann war wieder die Musik für mich in den Mittelpunkt getreten.

Und jetzt war Kai gekommen, Kai und Michael, Sigrid, Hubert, Klaus und alle die anderen. Soll ich wirklich versuchen, Dirigent zu werden? Wozu? Für wen? Für Leute, die mich kritisieren werden, und für ein paar wenige, denen meine Musik Freude macht? Und dann weiß ich ja nicht einmal, ob ich es überhaupt schaffe. Ob ich jemals vor ein Orchester kommen werde. Wie viele wollen das – und wie selten schafft es einer. Und vor allem: Was leiste ich mit diesem Beruf effektiv für andere Menschen? Ist es nicht ein egoistischer Beruf, in dem es mir in erster Linie um mich geht?

Wäre es nicht sinnvoller, Arzt zu werden? Oder sogar Kinderarzt? Ich muß mit jemandem darüber reden, am besten mit Mutti. Ich weiß zwar, daß sie nie davon begeistert war, daß ich mich der «brotlosen Kunst» zuwenden wollte, aber ich weiß auch, daß sie objektiv genug ist, um sich nicht von ihren eigenen Wünschen und Vorstellungen leiten zu lassen.

Sonntag mittag kommt sie, ich hänge gerade nicht am Tropf. Wir können miteinander sprechen, allerdings nur durch ein Fenster, da sie die Station nicht betreten darf. «Du kennst die ganze Geschichte mit Kai doch ziemlich genau», fange ich an. «Findest du nicht, daß ich Kinderarzt werden sollte?» Sie bewegt nachdenklich den Kopf: «Dazu brauchst du Latein, du hast in der Schule keins gehabt.» – «Richtig, aber das könnte man doch nachholen.» – «Ja», sagt sie, «aber weißt du auch, wie lange das Studium dauert? Du mußt erst mal praktischer Arzt werden, und dann mußt du fast nochmal genausoviele Semester für den Facharzt machen. Hör zu», sagt sie ernst, «es ist im Grunde ganz einfach. Wenn du hier rauskommst, kannst du sofort nach Detmold gehen und Musik studieren. Die Aufnahmeprüfung hast du. Ob du zum Medizinstudium überhaupt zugelassen wirst, ist fraglich. Und selbst wenn – das Studium wird dann doppelt so lange dauern, und es wird doppelt so schwer für dich sein. Brich jetzt nichts übers Knie. Du hast erst mal lange genug Zeit, dich zu entscheiden. Wenn du wirklich Kinderarzt werden willst und werden mußt, dann wirst du das eines Tages auf einmal wissen. Und wenn es dein fester Entschluß ist, dann wirst du es auch schaffen – egal wie hart der Weg sein wird. Es darf nur keine Entscheidung sein, bei der du sagst: ‹ich möchte gerne›, es muß ein Entschluß sein, bei dem du sagst: ‹ich will›.»

Sie geht und hat mir keine Antwort dagelassen, nur schwerere, nur brennendere Fragen. Aber sie hat recht. Wenn ich jetzt einen anderen Weg einschlage, dann muß es mein fester Entschluß sein, dann muß es ohne Zweifel und bedingungslos mein eigener Wille sein. Ich lege mich ins Bett und versuche, nicht länger darüber nachzudenken. Ich weiß jetzt, daß der Moment kommen wird, wo ich plötzlich wissen werde, was ich tun muß und was ich tun will.

Der Rückfall

Eines Morgens, Anfang Mai, ist die Entscheidung da. Völlig paradox wird sie ausgelöst. Die Krankenschwester bringt mir einen Brief ans Bett. Von Giselheid. Der Brief ist sehr umständlich geschrieben, sehr vorsichtig. Ich merke, daß sie mir nicht wehtun will. Aber zwischen den Zeilen steht es wie Flammen. Ich muß den Brief nicht zweimal lesen, die ängstlichen Formulierungen sagen genug: Kai ist rückfällig geworden. Total. Alles, alles ist weg. Und alles, was so furchtbar war, ist wieder da, die Aggressionen, die Tränen, die Ängste. Ich liege im Bett und heule. Aus. Vorbei. Ich habe Kai im Stich gelassen. Ich habe ihn nicht genug geliebt. Ich hätte niemals weggehen dürfen. Es gäbe jetzt nur noch einen Weg zurück zu Kai: gar nicht studieren und sofort ins Heim zurückfahren und bei Kai bleiben. Sofort? Ich liege im Krankenhaus und werde noch drei Wochen hierbleiben müssen. Und dann? Die Entscheidung ist da, hart und grausam: ich werde Musik studieren. Ich kann nicht einfach ins Heim zurückgehen. Dann könnte ich vielleicht Kai helfen. Aber all die anderen Kinder? Wenn ich in diesen Beruf gehe, dann muß ich wirklich eine Ausbildung haben, dann muß ich in der Lage sein, für alle da zu sein, nicht nur für Kai. Im Augenblick geht es um Kai, aber was ist, wenn dieser Augenblick vorbei ist? Was ist, wenn andere Kinder kommen und nach mir rufen? Eines ist sicher: Solange ich studiere, ganz gleich ob Medizin oder Musik, und solange ich allein bin, kann ich Kai unmöglich zu mir nehmen. Ich weiß, Maria würde ihn mir auf der Stelle geben. Aber das müßte ich verantworten können. Ich kann es nicht verantworten, denn ich müßte ihn Tag für Tag stundenlang allein lassen. Und das ist ausgeschlossen.

Mir ist klar, daß ich eine Entscheidung getroffen habe, mit der ich zu einem großen Teil versucht habe, mich selber zu retten. Aber ich muß auch leben, nicht im Sinne von genießen oder daß ich es mir bequem machen will. Aber ich muß so leben, daß ich es auch vor mir verantworten kann. Wenn ich Arzt werde oder sonst irgendeine Ausbildung mache, die mich für die Arbeit mit Behinderten qualifiziert, dann muß ich Kai aufgeben, wenigstens für die nächsten Jahre. Wenn ich aber ohne jede Ausbildung zu den Behinderten zurückgehe, dann gebe ich mich selbst auf. Meine Entscheidung ist grausam, aber sie ist gefallen. Mir bleibt nur noch die Hoffnung auf den Urlaub. Vielleicht finde ich zu Kai zurück, vielleicht findet Kai zu mir zurück, nein, nicht zu mir, zu sich.

*

Anfang Juni werde ich aus dem Krankenhaus entlassen. Der Arzt empfiehlt einige Wochen Nacherholung. Das Sommersemester ist damit praktisch verloren. Ich bleibe zu Hause und übe Klavier. Manchmal kommt ein Brief von Giselheid, manchmal ein Brief von Maria. Die Nachrichten werden nicht besser. Ich möchte hinfahren, jeden Tag sagt es einmal entschlossen in mir: morgen fahre ich. Aber gleichzeitig wird die Angst immer größer. Was soll ich jetzt in Föhrenbühl? Soll ich für zwei oder drei Tage in Kai Erinnerungen wecken, die er dann doch wieder vergessen muß? Soll ich seine Verzweiflung für ein paar Stunden aufheben, damit sie ihn nachher um so stärker wieder packt? Und komme ich jetzt überhaupt noch an ihn ran? Ist er nicht schon so weit weg, daß zwei, drei Tage gar nicht ausreichen, um ihm zu begegnen? Ich fahre nicht. Ich vergrabe mich in Arbeit, sitze acht Stunden täglich am Klavier und warte, daß es August wird.

Eines Tages schickt Giselheid ein Foto von Kai. Er sitzt auf einem Gartenstuhl, die Knie hat er angezogen. Mit den Fingern klammert er sich in den Ritzen des Stuhles fest. Auf seiner Stirn sind lauter Falten, seine Augen sind todtraurig. Kai, bist du das wirklich? Immer wieder nehme ich das Foto, immer wieder lege ich es weg und schwöre mir, es nicht mehr anzusehen. Das kann nicht Kai sein. Das ist das Gesicht eines alten Mannes, das ist das Gesicht eines Fremden. Nur einmal warst du so traurig, Kai, als ich dich zu einem Clown geschminkt hatte, der du nie warst. Da hast du geweint, aber du hast an meiner Schulter geweint, und dann hast du deinen Kopf in meinen Schoß gelegt. Und da war alles gut gewesen. Das habe ich dir weggenommen: meine Schulter und meine Knie. Mein Herz ist bei dir geblieben, aber davon kannst du nicht leben, davon kann niemand leben.

Ein unsinniger Gedanke steigt in mir auf: Vielleicht wäre es besser gewesen, wenn ich Kai nie begegnet wäre. Vielleicht wäre es besser gewesen, wenn er nie aus seiner dunklen Verkrampfung herausgekommen wäre. Er hat einmal angefangen zu sprechen, und er hat einmal angefangen zu lachen. Das Schweigen und die Dunkelheit, in die er jetzt zurückgefallen ist, müssen noch schmerzhafter sein als alles, was vorher gewesen ist.

Ich zähle die Tage bis zum fünften August, ich freue mich auf diesen Tag und habe gleichzeitig Angst davor. Mit Kai nach Spanien fliegen – vor einem Jahr hätte jeder über diese Idee gelacht, aber vor einem halben Jahr haben wir es beschlossen, als wäre es das Natürlichste von der Welt. Und jetzt? Mit tausend quälenden Gedanken fahre ich nach München, nun doch einige Tage früher als abgemacht.

*

Maria hat angerufen: «Kannst du so schnell wie möglich nach München kommen? Kai ist hier, er ist wie früher, wir werden nicht mit ihm fertig.» Das war ein Hilferuf. – Aber ich werde auch nicht mit ihm fertig. Kai erkennt mich nicht einmal, oder er will mich nicht erkennen. Er sitzt in einer Ecke seines Zimmers, ein Raum, in dem nichts ist als ein Bett. Ein Bett und Kai. Irgendwo auf der Erde liegen seine Schuhe herum. Von den Wänden hängen ein paar Streifen abgerissene Tapete. Kai ist nicht ansprechbar, er schielt in sich hinein, und als ich näherkomme, um ihn zu begrüßen, wird er sofort aggressiv. Also lasse ich ihn sitzen – vielleicht braucht er ein bißchen Zeit, um sich wieder an mich zu gewöhnen.

Das Abendessen verläuft katastrophal. Henrik, Kais Bruder, sitzt verschreckt auf der anderen Seite des Tisches und schaut unserem Kampf zu. Obwohl er erst sechs Jahre alt ist, ist er fast so groß wie Kai. Er hat die gleichen blonden Haare, etwas heller noch, aber blaue Augen. «Ich mag nicht essen», brummt er, schiebt den Teller weg und geht nach oben. Die Eltern schweigen. Kai versucht aufzustehen, ich ziehe die Ärmel der Zwangsjacke fester, versuche es noch einmal ganz ruhig. Er spuckt das Brot wieder aus. «Kai», sage ich, «du mußt doch etwas essen.» Aber er dreht den Kopf weg. Ich mag ihn nicht wieder zwingen, ich gebe es auf und binde ihn los. Sofort rennt er weg in Richtung Treppe. Die viel zu langen weißen Ärmel schlenkern um seine Beine. Henrik kommt herunter, will an Kai vorbei, Kai greift nach seinen Haaren. Aber da seine Hände in den Ärmeln sind, kann er nicht zufassen. Henrik streckt ihm die Zunge raus und geht in die Küche. Ich bringe Kai nach oben und ziehe ihn aus. Seine Hose ist naß; ich wasche ihn. Er reißt an meinen Haaren und schreit. Es tut mir weh, aber etwas anderes tut mir noch mehr weh: daß Kai mich wie einen Fremden behandelt, wie einen Menschen, den er nie gesehen hat. Weiß er nicht mehr, daß er mich vor einem halben Jahr noch gestreichelt hat, daß er «Hamu» gesagt hat, daß er mir am Abend einen Gutenachtkuß gegeben hat? Er gibt mir keinen Gutenachtkuß. Er sitzt auf dem Bett und will nicht angefaßt werden. Er schlägt mit der Hand gegen seine Lippen. Wenn ich näher komme, reißt er die Arme über den Kopf. Wenn ich zu nahe komme, krallt er sich an mir fest und schreit. Ich stehe mitten im Zimmer und schaue meinen Kai an. Mein Kai? Da sitzt er, hat die Bettdecke fortgeworfen und zerrt das Laken heraus. «Kai, ich bin's doch, Hartmut.» Aber er will es nicht wissen, er hört mich nicht, und er sieht mich nicht. Er steht wieder in jenem furchtbaren Niemandsland, aus dem wir vor einem Jahr Hand in Hand herausgetreten waren. Wo ist dein Lachen, Kai, wo ist deine Liebe, wo ist deine Zärtlichkeit? Kann das alles so ganz

weg sein, so tief verschüttet? Wer hat dich in diesen Käfig zurückgetrieben, in diese Verbannung, wo es keine Menschen gibt und kein Lächeln? Wer hat dich so weit zurückgestoßen?
«Hartmut, was ist?» Maria steht in der Tür. Ich kann nicht wegschauen von Kai, weil ich ihn doch noch nicht gesehen habe. «Das ist meine Schuld, nur meine Schuld. Ich hätte nie weggehen dürfen.» Maria nimmt mich in den Arm. «Er kann es nicht vergessen haben. Das geht gar nicht. Ihr wart schon mal so weit, das kann auch ein Kai nicht vergessen haben.» An der Tür löscht Maria das Licht. Ich möchte noch einmal hineingehen. Ich gehe nicht. «Ich habe mich doch so auf das Wiedersehen gefreut!»

*

Hatte ich mich wirklich auf das Wiedersehen gefreut? Freude – das ist vielleicht der falsche Ausdruck, aber ich hatte uns doch sehr viel von diesem Wiedersehen erhofft, hatte mir eingebildet, daß Kais Schwierigkeiten schlagartig oder wenigstens doch sehr schnell aufhören würden. Nun bin ich schon drei Tage in München, und nichts hat sich geändert, gar nichts. Morgens beginnt es damit, daß Kai sich nicht waschen läßt, dann geht es damit weiter, daß er sich nicht füttern läßt. Friedlich ist er nur, wenn er draußen im Garten in dem kleinen Planschbecken sitzen kann. Dort bleibt er stundenlang, schielt vor sich hin und spielt mit den Fingern am Mund. Bis Henrik kommt. Und Henrik kommt oft. Er behauptet, daß das Planschbecken ihm gehört. Dann drängt er sich neben Kai ins Wasser und wird natürlich sofort an den Haaren gezogen. Geschrei, Tränen – ich nehme Henrik zur Seite und rede ihm gut zu: «Klar, das Planschbecken gehört dir, aber du kannst es dem Kai doch mal für eine Stunde borgen, danach hast du es wieder ganz für dich allein.» Henrik starrt bockig zu Boden. Dann geht er schmollend ins Wohnzimmer und hockt sich aufs Sofa. Armer Henrik, es geht ihm im Grunde ja gar nicht um das Planschbecken. Er fühlt sich ausgestoßen, seit Kai wieder da ist. Niemand hat mehr Zeit für ihn, alles rennt nur hinter Kai her. Und wenn die Großen über irgend etwas reden, dann reden sie über Kai. Und Henrik hat eines begriffen: Wenn man Schwierigkeiten macht, dann kümmern sich die Großen um einen. Und deshalb macht er Schwierigkeiten.

Fünf Minuten nach unserem Gespräch ist er wieder im Garten, und obwohl er genau weiß, was passieren wird, springt er neben Kai ins Wasser. Der hat ihn sofort an den Haaren, Henrik schlägt zurück, und ich habe alle Mühe, das Knäuel auseinanderzubringen. Maria schaut vom ersten Stock aus dem Fenster, sie sieht blaß aus, schweigend wendet sie sich wieder ab. Sie ist beim Kofferpacken – für eine Reise, die wir uns überhaupt nicht mehr vorstellen können, für eine Reise, die morgen beginnen soll.

Ich stehe etwas hilflos im Garten und weiß nicht recht, welches Kind uns im Moment eigentlich die größeren Probleme macht. Kai ist wenigstens friedlich, wenn er im Wasser hockt. Aber Henrik ist bockig und aggressiv – er beschwört geradezu absichtlich die Zusammenstöße mit Kai herauf. Auf einmal weiß ich, daß ich mich ganz dringend um Henrik kümmern muß, und ich beschließe, mit ihm einen Spaziergang zu machen. Solange Kai im Planschbecken ist, genügt es, wenn Maria ab und zu nach ihm schaut. «Henrik, hast du Lust, mit mir einen Spaziergang zu machen?» Natürlich hat er keine Lust, mürrisch lehnt er an der Terrassentür und spielt an dem weißen Gürtel seiner Badehose. «Komm», sage ich, «vielleicht hat Mami noch was einzukaufen.» Widerwillig folgt er mir nach oben und zieht seine Jeans an. Unterdessen rede ich kurz mit Maria, sie wird auf Kai aufpassen. «Viel Glück», sagt sie noch und meint dabei Henrik. Ich habe den Eindruck, daß sie an einen Punkt gekommen ist, wo ihr alles egal ist.

«Also, was ist jetzt?», fragt Henrik ärgerlich. «Ja, ich komme.» Schweigsam wandern wir durch die Straßen. Fast überall in den Vorgärten laufen Wassersprenger. Nur das Rauschen der Fontänen geht durch die Stille der heißen Mittagsstunde. Henrik schaut weder rechts noch links, er latscht einfach neben mir her, ohne ein Wort zu sagen. Ich versuche nicht, mit ihm zu reden, wahrscheinlich würde er meine Worte nur als Ermahnungen, andernfalls als Ablenkungsmanöver, aber jedenfalls als typisches Erwachsenengeschwafel abtun. Er wird schon aus sich herauskommen, und dazu braucht es weder einen Psychiater noch einen Pädagogen, sondern nur etwas Geduld. Eine Dreiviertelstunde sind wir schon unterwegs, und noch immer hat keiner von uns ein Wort gesprochen. Dann endlich macht Henrik den Anfang: «Wenn bloß bald wieder Schule wäre, zu Hause ist das ja alles so eine Kacke.» Bei diesem Anfang bleibt es, ich antworte nicht. Ich weiß, daß Henrik sich mit diesem einen Satz ausgesprochen hat, er hat seine Situation erkannt, und von da aus werden wir auch eine Lösung finden. Genauso stumm wie vorher laufen wir zurück. Vor der Haustür mache ich halt: «Du bekommst jetzt dein Planschbecken, bis zum Abendessen gehört es dir.» – «So lange brauch' ich's gar nicht», antwortet Henrik, und ich weiß, daß wir soeben Freundschaft geschlossen haben. Ich trockne Kai ab und bringe ihn auf sein Zimmer. Dort setzt er sich gleich im Schneidersitz auf das Bett und versinkt wieder in seine Apathie. Suchend schaue ich durchs Zimmer, vielleicht gibt es ein Märchenbuch, aus dem ich ihm vorlesen kann. Aber das Zimmer ist leer, nur im Schatten unter der Fensterbank glitzert etwas: eine zerbeulte Mundharmonika. Ich will sie aufheben, aber meine Hand zögert. Ich nehme eine Hose von Kai und lege sie darüber. Ich habe die Melodie vergessen.

*

Kais Vater bringt uns mit dem Auto zum Flughafen. Von Kais Freude am Autofahren keine Spur. Ich sitze mit den Kindern hinten, Henrik links, Kai rechts. Wir sind noch kaum eingestiegen, da kratzt er mich schon im Gesicht, greift sofort nach vorne, zieht seine Mutter an den Haaren. Ich packe seine Hände, lege sie über Kreuz und drücke sie auf seinen Schoß. Kai tobt, ich halte ihn fest.
«Wollt ihr wirklich fahren?» fragt Kais Vater noch einmal. Niemand antwortet, und er erwartet wohl auch keine Antwort.

Wir wissen, daß es für diese Frage zu spät ist. Und den Flug werden wir schon irgendwie hinter uns bringen. Wenn wir erst mal in Spanien sind, wird es auch mit Kai besser werden.
An der Paßkontrolle trennen wir uns. Kai ist nicht ansprechbar. Von Henrik bekommt der Vater einen Kuß, dann umarmt er seine Frau, schüttelt mir die Hand. «Macht's gut», sagt er, und ich spüre, wie sein ganzes Herz in diesen zwei Worten schlägt. Sein Gesicht ist besorgt. «Klar», lache ich und lüge uns allen vor: «Kein Problem.» Dann schnappe ich Kai. Zum Glück ist das Gepäck schon weg, ich werde beide Hände brauchen. Und zwar schon an der Gangway, wo Kai sich unter dem Wind laufender Motoren weigert, mitzukommen. Ich muß ihn hinauftragen, wobei ich mit der einen Hand noch seine Hände festhalten muß. Oben empfängt uns lächelnd eine Stewardeß. Sie weiß schon Bescheid. Als sich gezeigt hatte, daß Kai wieder so schwierig war, hatte Maria sofort die Fluggesellschaft benachrichtigt. Die Stewardeß führt mich in die erste Reihe. «Ich habe Ihnen die ganze Reihe reserviert, wir sind glücklicherweise nicht ausgebucht.»
Maria und Henrik bekommen die Plätze hinter uns. Ich schnalle Kai auf dem Fensterplatz an – er schreit immer noch, dann will ich mich neben ihn setzen. Ausgeschlossen. Er ist so aggressiv, daß ich ständig seine Hände festhalten müßte. Ich rücke auf den Platz am Gang, muß aber gleich wieder aufstehen, weil Kai mit aller Gewalt an dem Netz vor sich zerrt, in dem die Sicherheitsinstruktionen stecken. Ich drücke seine Hände runter, und er zerrt am Sitzpolster, versucht es von der Unterkante her aufzureißen.
Die Maschine rollt zum Start. Anschnallen. Das Rauchen einstellen. Zum Rauchen werde ich auf dieser Reise wohl kaum kommen. Wenigstens für den Start schnalle ich mich neben Kai an, weil ich aufpassen muß, daß er nichts kaputtmacht. Aber kaum, daß die Maschine abhebt, schlägt Kai die Hände vors Gesicht, und sein Schreien geht in heftiges Weinen über. Das rasche Steigen der Maschine, der plötzliche Höhenunterschied, macht ihm zu schaffen. Fünf Minuten, in denen ich nicht auf

seine Hände aufzupassen brauche. Jetzt kommen mir zum erstenmal die anderen Fluggäste in den Sinn. Das Schreien und Toben hier vorne muß einen ja wahnsinnig machen. Über die Rückenlehne hinweg frage ich Maria: «Wann sind wir da?» – «Kurz vor sechs», sagt sie.
Ich schaue auf die Uhr, jetzt ist es gerade vier. Nochmal zieht der Pilot das Flugzeug hoch, dann legt es sich langsam in die Waagerechte. Sonne, blauer Himmel, weiße Wolken unter uns. Ich habe nicht viel Zeit, meinen Flugträumen nachzuhängen. Kai hat sich erholt und wird wieder aggressiv. Er kneift mich in den Arm und schreit. Aus seinem linken Nasenloch blubbert der Rotz. Ich suche ein Taschentuch. Aber Kai versteckt das Gesicht in seinen Armen. Als er wieder anfängt, mich anzugreifen, räume ich den Platz und gehe auf den Außensitz. Es wird ein Kampf auf Distanz. Kai zerrt wieder an dem Netz, ich greife ein, Kai reißt an dem Sitzpolster herum, ich greife ein, Kai versucht, die Fensterverkleidung abzureißen, und ich muß wieder eingreifen.
Die Stewardeß kommt mit einem Imbiß. Ich winke ab. Um Gottes Willen, das hätte grade noch gefehlt. Ich weiß nicht, wie die zwei Stunden herumgegangen sind, aber irgendwann ist es endlich soweit. Wir landen in Barcelona. Kai weint jetzt noch verzweifelter als beim Start. Beim Aussteigen wehrt er sich wieder, aber unten kann ich ihn an der Hand nehmen. Vielleicht ist er zu erschöpft, um noch Terror zu machen, willig läuft er neben mir her zum Flughafengebäude. In der Halle suchen wir uns eine ruhige Ecke. Kai setzt sich zwischen Papier und Abfällen auf die Erde und versinkt in sich selbst.
In einer Stunde werden wir weiterfliegen, nach Valencia. Aber wir fliegen nicht weiter. Über Lautsprecher hören wir in vier Sprachen, daß die Maschine Barcelona–Valencia mindestens zwei Stunden Verspätung haben wird. Drei Stunden mit Kai im Flughafen, das kann ja heiter werden! Als Kai wieder unruhig wird und anfängt herumzulaufen, nehme ich ihn bei der Hand. «Ich gehe ein Stück mit ihm spazieren», sage ich zu Maria, «wir treffen uns hier wieder.» Henrik will nicht mitkommen, offen-

bar ist er froh, seine Mutter endlich einmal für eine kurze Zeit für sich zu haben. Ich sehe noch, wie er sich zu ihr setzt, ihr dabei aber demonstrativ den Rücken zukehrt. Er fühlt sich vernachlässigt.
Vor dem Flughafen ist ein riesiger Parkplatz. Genau das richtige Gelände für einen Spaziergang mit Kai. An jedem Auto bleibt er stehen, legt die Hände ans Fenster, drückt Nase und Zunge an die Scheibe. Es ist schwer, ihn wieder wegzukriegen, schwer ein Stück weiterzugehen – und weiter heißt: bis zum nächsten Auto. Nach einer halben Stunde ziehe ich ihn weg, und wir gehen zum «Lagerplatz» zurück. Henrik erzählt Maria von der Schule, verstummt aber, als wir näherkommen. Kai setzt sich wieder in einer Ecke auf den Boden. Da kommt die zweite Durchsage: Unser Flug wird sich um weitere zwei Stunden verspäten. Die Fluggäste werden gebeten, am Schalter der Iberia Gutscheine für ein Abendessen entgegenzunehmen. Ein Abendessen im Restaurant. Mit Kai. Wunderbar! Unsere kühnsten Träume werden wahr; wenn es auch nur Alpträume sind.

*

Maria geht die Gutscheine holen. Vielleicht können wir wenigstens etwas trinken. Durchs Restaurant gehen wir hinaus auf die Terrasse. Dort sind weniger Leute, wahrscheinlich wegen des Lärms. Nur einige Tische sind besetzt. An der Balustrade stehen ein paar Leute und schauen den startenden und landenden Maschinen zu. Wir belegen einen Tisch ganz außen. Maria und Henrik gehen Kaffee und Limonade holen. Das hätten sie nicht tun sollen. Kai, der eben noch am Boden saß, ist blitzartig am Tisch. Bevor ich zufassen kann, zerknallt eine Sinalcoflasche auf den Steinen. Ich weiß, daß das wieder nur ein Signal dafür war, daß Kai Durst hat. So wie früher. Immer wenn die anderen etwas zu trinken bekamen, wurde er aggressiv. Aber die eine Sinalcoflasche war doch für ihn! Ich nehme die andere – Henriks – und halte ihm den Strohhalm hin. In Henrik steigt die Eifersucht hoch. Er brüllt: «Das ist meine Sinalco – wenn Kai alles kaputtmacht, dann braucht er auch nichts zu trinken!» Kai ist erschreckt, wehrt die Flasche ab. Maria nimmt Henrik und geht eine neue Sinalco holen. Inzwischen ist unser Kaffee kalt geworden. Beide Kinder haben nichts getrunken. Henrik ist beleidigt, er will jetzt nicht mehr. Er ist zum Geländer gegangen und starrt hinunter. Kai hockt am Boden, steckt wieder alles in den Mund. Und nach südlicher Manier liegt da auch alles, was sonst in einen Abfalleimer gehört. Kais Gesicht ist verschmiert, Tränenspuren durchziehen den Schmutz. Es ist uns egal. Wir sitzen am Tisch, lassen ihn im Dreck sitzen. Kai rappelt sich auf. Zwei Tische weiter nimmt ein älteres Ehepaar Platz, um Kaffee zu trinken. Ich stehe auf, sehe die Gefahr – aber zu spät. Beide Kaffeetassen fliegen zu Boden. Ich packe Kai, fange an zu schreien. Halte seine Arme fest, entschuldige mich bei dem Ehepaar auf englisch. Es sind Deutsche. Maria ist den Tränen nahe. Sie verspricht, neuen Kaffee zu holen, und eilt nach drinnen. Das Ehepaar ist sehr freundlich. Sie sehen ja, was los ist, und sie versuchen, uns zu trösten. «Das macht doch nichts.» und «Das war doch nicht nötig, daß Sie uns den Kaffee bezahlen.» Bezahlen ist gut. Mit unseren Gutscheinen könnten wir wahrscheinlich die ganze Terrasse zum Kaffee einladen.

Henrik will nichts von uns wissen. Er schämt sich, schämt sich für uns und für Kai. Er steht am anderen Ende der Terrasse und schaut irgendwohin zwischen die leeren Flugschuppen, wo keine Flugzeuge landen und keine starten. Es wird dunkel, rasch und ohne Übergang kommt die Nacht. Kai sitzt wieder am Boden, mitten in den Scherben. Ich will ihn da wegholen. Er wehrt sich mit Händen und Füßen. Aber er muß da weg. Mit Gewalt schleppe ich ihn auf die andere Seite des Tisches. Er bekommt eine Hand frei, reißt an meinen Haaren. Ich schlage ihm auf die Hand, er läßt los, ich stoße ihn weg. Maria sitzt am Tisch, das Gesicht in den Händen vergraben. Ich möchte hingehen, sie trösten. Aber ich kann nicht. Ich muß jetzt selber heulen. Ich kann nichts dagegen machen. Es bricht wie ein Orkan aus mir heraus. Laut schluchzend stehe ich am Geländer, heule wie ein Hund. Es ist mir egal, alles. Auch Kai. Es dauert lange,

bis ich mich etwas beruhige. Die Stöße in meiner Brust lassen nach, nur die Tränen laufen noch. Ich starre in die Dunkelheit, starre auf die Lichter der Flugzeuge. Ich drehe mich nicht um. Ich kann Kai nicht mehr sehen, ich will ihn nicht mehr sehen, und wenn er das ganze Restaurant zertrümmert.
Da legt sich eine Hand auf meine Schulter. Maria sagt neben mir: «Er schläft.» Ich drehe mich um. Zwischen Zigarettenkippen, Papierfetzen, Flaschendeckeln liegt er: ein kleines dreckiges Bündel, den Mund halb offen, die geschlossenen Augenlider zittern im Schlaf.
Kurz vor Mitternacht wird unser Flug aufgerufen. Ich hoffe nur, daß Kai nicht aufwacht. Vorsichtig nehme ich ihn auf die Arme. Auf dem Weg übers Flugfeld wacht er auf. Ich muß ihn runterlassen, weil er mich auf der Stelle wieder angreift. Noch mal Flugzeug, noch mal dasselbe Theater. Kai ist so wach, so aggressiv wie am Nachmittag. Wann landen wir endlich? Es dauert diesmal nicht so lange, aber es dauert lange genug, es dauert zu lange. Kai hat inzwischen naß gemacht. Ich habe keine Kraft mehr, ihm frische Sachen anzuziehen.
Am Flughafen von Valencia warten Freunde von Maria mit dem Auto. Sie werden uns nach Gandhia bringen. Diesmal müssen wir zu viert hinten sitzen. Henrik links, Maria rechts, Kai und ich in der Mitte. Ich nehme ihn auf den Schoß, umklammere seine Beine mit meinen. Seine Arme halte ich gekreuzt und ziehe sie nach hinten. Immer wieder gelingt es ihm, eine Hand frei zu bekommen. Meine Hände sind blutig, zerkratzt. Ich habe kaum noch die Kraft, ihn festzuhalten, ich habe überhaupt keine Kraft mehr. Ich weine still vor mich hin. In meiner Verzweiflung tue ich etwas, was ich schon lange nicht mehr getan habe: ich spreche ein Vaterunser. Nicht einmal absichtlich, das Gebet fängt einfach in mir an, und ich spreche es weiter. «Denn Dein ist das Reich und die Kraft und...» Kai ist ruhig geworden. Ich spüre seine Arme nicht mehr und seine Beine, ich fühle nur seinen kleinen Körper an meiner Brust. Ich lasse ihn los. Seine Hände legen sich auf meine Oberschenkel. Ich knote meine Füße auseinander, Kai rückt sich ein bißchen auf

meinem Schoß zurecht. Es ist wie ein Wunder. Es ist still im Auto.
Zehn Minuten später hält der Wagen vor dem Apartmenthaus am Lido von Gandhia. Wir steigen aus, laden die Koffer aus. Kai steht auf dem Bürgersteig. Mit kleinen verweinten Augen. Er steht ganz still, nur seine Beine zittern. An meiner Hand klettert er die Treppe hinauf. Ich ziehe ihn gleich aus, lege ihn ins Bett. Er schläft sofort ein. Ich fühle, daß wir heute an eine Grenze gekommen sind.

*

Eines hatte ich mir geschworen, und nichts würde mich davon abbringen: Kai wird beim Essen nicht angebunden. Eigentlich wollte ich das schon in München versuchen, aber dort war es uns dann doch zu gefährlich gewesen. Hier in diesem Raum, wo weder Teppiche noch Gardinen oder Bilder sind, wo nur der riesige Tisch mit den sechs Stühlen steht, hier können wir es riskieren. Hier müssen wir es riskieren.
Aber es ist völlig aussichtslos. Kai ist nicht an den Tisch zu bringen. Er flieht in die fernste Ecke und weint. Wenn ich ihm näher komme, streckt er mir die Hände entgegen und schreit. Sein kleiner Körper bettelt um die Zwangsjacke. Aber wir haben keine, und wir wollen auch keine. Doch Kai weiß, daß ihn seine Hände im Stich lassen würden, daß sie das tun würden, wovor er solche Angst hat, das, wovor wir alle Angst haben. Und die Angst legt sich über ihn wie eine unsichtbare Zwangsjacke. Sie schüttelt seinen ganzen Körper. Angst vor dem Tisch, Angst vor den Tellern, Angst vor mir.
Ich schleppe ihn mit Gewalt an den Tisch. Das kostet uns zwei Teller und eine Tasse. Kai schreit wie am Spieß, ich lasse ihn los, und er flüchtet weinend in seine Ecke. Dort hockt er, am ganzen Leib zitternd, und starrt mich mit aufgerissenen Augen an. Angst. Ich habe Mitleid mit ihm, natürlich. Aber wir müssen da durch. Wenn Kai es diesmal nicht schafft, dann schafft er es nie. Er muß es schaffen. Wenn er es schafft, dann werden viele Äng-

ste wie Zentner von ihm abfallen. Wenn er ja sagen kann zu dem Natürlichsten von der Welt, dem Essen, dann hat er seine Behinderung in einem entscheidenden Punkt überwunden.

Ich warte, bis er sich etwas beruhigt hat, dann nehme ich seinen Plastikteller und gehe zu ihm. Beide Arme schießen mir entgegen. Verzweifeltes Schreien, eine Sturzflut von Tränen. Oh, Kai, wo nimmst du alle diese Tränen her? Ich lasse ihn weinen, ich warte. Wieder beruhigt er sich. Jetzt nehme ich nur einen Löffel voll Kartoffelbrei und gehe zu ihm. Dasselbe. Ich packe mit der Linken seine beiden Handgelenke und stecke mit der Rechten den Löffel in seinen Mund. Kai spuckt, verschluckt sich, hustet. Es scheint zwecklos. Aber ich gebe nicht auf, ich will nicht aufgeben. Ich warte, daß Kai aufgibt, aber auch er gibt nicht auf. Die Mahlzeiten ziehen sich endlos hin. Wenn ich mit dem Frühstück kapituliere, hat Maria schon das Mittagessen fertig, und wenn ich das Mittagessen aufgebe, ist es fast Zeit zum Abendessen.

Neuanfang

Drei Tage Kampf, drei Tage Tränen. Wenn Kai in diesen drei Tagen irgendwas in den Bauch bekommen hat, dann muß er es aus Versehen verschluckt haben. Nur Wasser hat er zwischendurch wie eh und je im Badezimmer getrunken. Wir sind erschöpft, wir sind fertig. Kai ist ein einziges Häufchen Elend, aber dieses Häufchen wehrt sich mit dem Rest seiner Energie, und dieser Rest scheint schier unerschöpflich. Maria ist am Rande ihrer Nerven. Henrik langweilt sich, weil kein Mensch auf die Idee kommt, das Haus zu verlassen. Nur gerade zum Einkaufen nimmt Maria ihn mit.
Es ist spät in der Nacht. Die Kinder schlafen. Durch die offenen Balkontüren kommt die Luft fast so heiß wie am Tage ins Zimmer. Maria und ich sitzen am Tisch. Wir schweigen. Wir können nicht mehr, wir wissen auch nicht mehr, was wir sagen sollen. Drei Tage Urlaub liegen hinter uns: eine grauenvolle Reise, drei grauenvolle Tage. Und vor uns liegen drei Wochen. Uns wird schlecht bei diesem Gedanken, wir wagen nicht, an morgen zu denken. Irgendwann steht Maria auf und sagt: «Ich mach' uns noch ein bißchen Käse zurecht, das ist zum Wein vielleicht ganz lustig.» Lustig hat sie gesagt. Ein lustiger Urlaub, wirklich, denke ich und starre in mein Weinglas.
Plötzlich fährt es mir durch den Kopf: die Rettung, die Lösung! Ich springe auf, stürze in die Küche. «Maria, ich hab's.» Schon wieder Tränen, ich bin doch sonst nicht so, aber ich hab's wirklich. Ich Rindvieh, warum bin ich nicht gleich darauf gekommen. «Paß auf», sage ich: «Wir essen ohne Kai, dann räumen wir alles ab und stellen ihm nur seinen Plastikteller hin. Dann soll er machen, was er will. Er muß nicht essen, aber das Essen wird dastehen.»

Wir sind ganz aufgeregt, noch lange sitzen wir zusammen. Vielleicht haben wir doch noch eine Hoffnung.

*

Obwohl es so spät geworden ist, frühstücken wir am Morgen eine halbe Stunde früher. Wir fühlen uns wie Kinder, die Geburtstag haben. Viel zu früh wacht man auf, und viel zu lange muß man warten, bis man die Geschenke holen darf. Wir ahnten ja nicht, daß es wirklich ein Geburtstag werden sollte, ein Geburtstag für Kai.
Frühstücken. Für Kai ist nicht gedeckt. Er sitzt mißtrauisch in der Ecke und wartet ängstlich, daß der Krieg weitergeht. Aber es geschieht nichts. Wir trinken unseren Kaffee, essen unsere Brötchen. Dann wird abgeräumt. Der Tisch ist leer.
Ich stelle einen Plastikteller mit Grießbrei an Kais Platz, an den Platz, an dem er noch nie gesessen hat. Dann nehme ich eine Zeitung, setze mich ans andere Ende des Tisches und versuche zu lesen. Es geht nicht, ich bin zu aufgeregt. Ich versuche, wenigstens so zu tun, als ob ich lese, aber das geht auch nicht. So halte ich mir die Zeitung vor die Nase und warte.
Nach zehn Minuten – Kai sitzt immer noch in der Ecke – lasse ich die Zeitung sinken und sage: «Kai, wenn du Hunger hast, da steht dein Essen.» Kai rührt sich nicht. Wieder zehn Minuten, dann sage ich genau denselben Satz noch einmal. Nichts. Nach einer halben Stunde steckt Maria den Kopf durch die Tür, sie wundert sich, daß es so still ist. Ich bin nervös, ich sage: «Komm bitte nicht rein und sag auch Henrik, daß er draußen bleiben soll.»
Inzwischen ist über eine Stunde vergangen. Ich glaube kaum noch, daß etwas geschehen wird. Da steht Kai auf, läuft zum Tisch und schmeißt den Teller runter. Ich halte mich an meiner Zeitung fest, Kai steht wie angenagelt, kein Weinen, kein Schreien, er ist wie erstarrt. So langsam und ruhig, wie ich nur kann, sage ich: «Kai, das müssen wir jetzt aufputzen.» Ich versuche es so zu sagen, als wäre es etwas ganz Selbstverständliches. Dann gehe ich in die Küche und hole einen Lappen und einen Eimer mit Wasser. Ich wi-

sche den Grießbrei auf. Maria hat noch einen Rest im Topf, sie macht ihn warm. Wieder stelle ich den Teller auf den Tisch. Wieder verschanze ich mich hinter meiner Zeitung, wieder sitzt Kai in der Ecke.
Eine Dreiviertelstunde vergeht. Immer wieder zwischendurch sage ich meinen Satz: «Kai, wenn du Hunger hast, da steht dein Essen.» Plötzlich steht Kai auf, kommt an den Tisch, dreht den Teller um. Da liegt der Grießbrei. Ich sage nichts. Kai ist wieder ganz starr, aber ich reagiere nicht. Da nimmt er beide Hände und fängt an, sich den Grießbrei in den Mund zu stopfen. Ich lasse ihn eine Weile, dann sage ich beiläufig, obwohl ich innerlich zittere: «Kai, da liegt ein Löffel», und Kai nimmt den Löffel und ißt mit dem Löffel. Ich glaube, mein Herz bleibt stehen, ich mache einen letzten Vorstoß: «Kai, das Essen gehört aber auf den Teller.» Und Kai dreht den Teller um und schaufelt mit dem Löffel den Grießbrei darauf. Eins noch, nur eins noch: «Kai, du mußt doch nicht stehen.» Und Kai holt seinen Stuhl, er setzt sich hin und ißt seinen Grießbrei.
Vorsichtig geht die Tür auf. Maria hat es nicht mehr ausgehalten. Lange, sehr lange sagt sie nichts. Dann kommt sehr leise: «Hartmut... Du bist ein Zauberer.» – «Nein», sage ich, «ich versuche nur, Kai liebzuhaben.» Und wieder laufen die Tränen, diesmal weinen wir beide, aber diesmal ist es vor Glück. Es ist geschafft. Wir fallen uns um den Hals. Und während unser Herz stehenbleibt, lauschen wir atemlos darauf, wie Kai seinen Grießbrei löffelt.

*

Wir haben Henrik erklärt, daß er doch eigentlich der größere Bruder sei und daß er uns ein bißchen helfen muß, auf Kai aufzupassen. Und der Sechsjährige hat begriffen. Plötzlich fühlt er sich nicht mehr vernachlässigt. Er weiß jetzt, daß wir mit ihm rechnen wie mit einem Erwachsenen. Seine Aggressionen gegen Kai hören schlagartig auf. Henrik wird zusehends selbstbewußter, und – was noch wichtiger ist – er wagt es plötzlich, zu zeigen, wie sehr er seinen Bruder liebt. Der erste flüchtige Versuch, ihn zu streicheln, wird zwar von Kai sehr mißtrauisch aufgenommen, aber Maria hat es gesehen, sie hat es mir erzählt, und wir sind beide glücklich darüber.

*

Nach dem Mittagessen ist es noch zu heiß, um an den Strand zu gehen. Aber auf dem Balkon ist es jetzt schon schattig. Kai steht am Geländer und beobachtet seine «Lieblingstiere», die Autos. Jedesmal, wenn am Rondell eines um die Ecke biegt, freut er sich riesig, bekommt ganz große Augen und flattert aufgeregt mit der rechten Hand vor seinem Mund. Ich bringe ihm einen Stuhl hinaus, und er setzt sich darauf. Im Schneidersitz natürlich. Das wird nun seine tägliche Siesta. Gleich nach dem Essen schnappt er sich einen Stuhl und zerrt ihn auf den Balkon. Es ist ihm richtig lästig, wenn er sich noch den Mund abwaschen soll. Er tut es ganz schnell und läuft dann aufgeregt hinaus. Henrik und ich beobachten ihn abwechselnd. Ein bißchen haben wir doch Angst, daß er auf die Idee kommen könnte, über das Geländer zu klettern. Aber eine andere, wenn auch nicht neue Idee kommt ihm plötzlich in den Sinn. Auf einmal zieht er seine Sandalen aus und schmeißt sie auf die Straße. Ich springe hinaus und schaue nach, was er getroffen hat. Aber zum Glück ist kein Mensch in der Nähe. Eine Sandale liegt auf dem Bürgersteig, die andere auf einem Auto. Kai schaut mich etwas ängstlich an, aber ich sage nichts, sondern gehe hinunter und hole die Sandalen. Aus «pädagogischen» Gründen ziehe ich ihm die Schuhe wieder an. Aber ich bin noch kaum im Zimmer, da sind sie schon wieder auf dem Weg nach unten. Kai lacht sein spitzbübisches Lachen und freut sich diebisch. Beim ersten Mal hat es kein Donnerwetter gegeben, folglich kann daraus ein ganz lustiges Spiel werden. Diesmal bin ich zu faul und schicke Henrik hinunter. Wieder zieht Kai die Schuhe aus, wieder wirft er sie runter. Jetzt gehe ich zu ihm und halte ihm die Hand hin. Er soll mitkommen. Sogleich steht er auf, nimmt meine Hand, und wir gehen gemeinsam hinunter. Aber auch das nützt nichts. Kaum oben angelangt, gehen die Sandalen wieder auf Reisen. Aber ich hatte mir vorgenommen: kein lautes Wort und kein

Schimpfen. Ich mache nur ein ernstes Gesicht, damit mein Dreckspatzli nicht meint, ich fände das Ganze genau so spaßig wie er. «Jetzt gehst du alleine und holst die Sandalen», sage ich, und er geht und holt sie. Diesmal passiert nichts. Wir verbuchen wieder stolz einen pädagogischen Erfolg.

Aber am nächsten Tag löst Kai das Problem ganz überraschend auf seine Weise. Nach dem Essen zieht er den Stuhl auf den Balkon, dann geht er in die entgegengesetzte Ecke, zieht die Sandalen aus und stellt sie ordentlich nebeneinander an die Wand. Auf Strümpfen läuft er zum Stuhl zurück und versenkt sich wieder in seine Verkehrszählung.

Gut – lassen wir's so. Ich frage mich nur, wann wohl die Strümpfe dranglauben müssen. Aber diesen Gefallen tut Kai mir nicht. Wenn, dann hat er schließlich seine eigenen Ideen.

*

Noch im Halbschlaf spüre ich, wie Kai zu mir ins Bett krabbelt. Ganz dicht schmiegt er sich an mich, vielleicht weil das Bett so schmal ist, vielleicht auch weil er meine Nähe sucht. Ohne die Augen zu öffnen, denke ich darüber nach, wie sehr ihm wohl diese körperliche Berührung in den ersten Jahren gefehlt haben mag. Sicher, er hatte sich dagegen gewehrt, so wie er sich gegen das Essen gewehrt hat. Ich bin froh, daß Kai wiedergekommen ist, daß er wieder neben mir im Bett liegt. Er sucht wieder die Geborgenheit, die er so bitter nötig hat. Und ich freue mich darüber, daß seine Hose trocken ist. Wie sehr mag das alles wirklich miteinander zu tun haben. «Hamu», sagt er zärtlich und berührt mit dem Finger meine Nase. Ich schlage die Augen auf und schaue in sein Gesicht. Es liegt so nah vor mir, daß seine braunen Augen in meinem Blick zu einem einzigen leuchtenden Auge zusammenschmelzen. «Laß mich noch ein bißchen träumen, ich träume doch von Kai», sage ich zu ihm und schließe wieder die Augen. Ich fühle, wie er mich unentwegt anschaut, aber er liegt ganz still, und für einige Minuten höre ich nur seine Atemzüge. Auf einmal schiebt er vorsichtig seinen Finger in mein rechtes Nasenloch und lacht. «Aufstehen», flüstert er, ohne den Finger aus meiner Nase zu nehmen. Jetzt muß ich auch lachen. Es ist gut, daß der Tag so fröhlich anfängt, denn heute wollen wir zum erstenmal alle gemeinsam frühstücken. Ich habe keine Angst davor, es wird sicher gutgehen. Barfuß marschieren wir ins Badezimmer und waschen uns.

Maria und Henrik sind auch schon wach, nebenan höre ich sie miteinander reden. Ich gucke zu ihnen ins Zimmer: «Guten Morgen, soll ich schon mal Frühstück machen?» – «Oh ja», sagt Maria, «du kannst Kai so lange zu uns schicken.» – «Nein», antworte ich im Befehlston, «Kai muß den Tisch decken.» Maria und Henrik schauen mich an, als ob ich verrückt geworden wäre. Ich bin selber ein bißchen erstaunt über das, was ich da gerade gesagt habe, und schaue zu Kai hinunter. Im selben Moment weiß ich, daß es klappen wird. Noch einmal begreife ich, daß für Kai jeder Schritt und jeder Fortschritt von nichts anderem abhängt als von unserem Vertrauen. Ich nehme seine Hand, und wir gehen in die Küche. Hinter uns höre ich Henrik sagen: «Hartmut macht Polterabend.» Aber den Gefallen werden wir ihm nicht tun. Ich drücke Kai seinen Plastikbecher in die Hand: «Bring ihn ins Eßzimmer und stell ihn schön an deinen Platz.» Kai tippelt los, und ich setze Kaffeewasser auf. Jedesmal wenn er zurückkommt, gebe ich ihm eine Tasse, einen Teller oder einen Löffel. «Das ist für Henrik – das ist für dich – das ist für Mami.» Und immer wieder geht Kai brav ins Eßzimmer. Er tut es ganz selbstverständlich, aber ich bin doch stolz auf ihn. Henrik staunt. «Weißt du», sage ich zu Maria, «Kais größte Behinderung ist eben doch unsere Angst.» Sie nickt, während unser frischgebackener Oberkellner den Marmeladentopf nach drinnen schleppt.

Dann ist es soweit. Ich schneide etwas Butter ab und halte Kai das Messer hin: «Schmier dein Brot.» Und Kai schmiert: ein bißchen auf den Teller, ein bißchen auf den Tisch und ein bißchen aufs Brot. Aber fürs erste ist das schon nicht schlecht. Mit der Marmelade das gleiche Manöver. Als ich mir die zweite Tasse Kaffee eingieße, greift Kai nach meinem Teller. «Nur keine falsche Bewegung», denke ich, und ruhig, aber bestimmt sage ich: «Kai, das ist *mein* Teller.» Er zieht seine Hand zurück, und ich gieße ihm noch etwas Tee ein. Einige Minuten später greift er nach Marias Tasse, aber wir beachten es nicht, und so passiert auch nichts. Erstaunt fragen wir uns, warum wir nicht schon früher gemerkt haben, wie einfach das alles ist. Oder war es früher wirklich nicht möglich? Jetzt ist es jedenfalls zu spät, um auf diese Frage noch eine Antwort zu finden. Und wenn Wunder geschehen, darf man ihnen wirklich nicht noch vorwerfen, daß sie nicht schon früher geschehen sind. Wir sind einfach glücklich darüber, daß Kai sich ein Brot geschmiert hat und daß er es alleine gegessen hat.

*

Und damit ist der langersehnte Moment gekommen: wir können endlich an den Strand gehen. Obwohl er nur fünfzig Meter von unserem Haus weg liegt, war er uns doch in den Tagen des Fütterns und Kämpfens wie eine ferne, unerreichbare Insel erschienen. Jetzt kann der Urlaub beginnen. Wir packen Niveacreme, Handtücher und Badehosen in die Basttasche, Henrik klemmt sich noch eine zusammengerollte Wolldecke unter den Arm, und dann ziehen wir los. Die erste aufregende Entdeckung ist für Kai der Sand. Dieser weiche Boden, der bei jedem Schritt tief nachgibt, ist ihm unheimlich. Fester umklammert er meine Hand, setzt vorsichtig Fuß vor Fuß, zögernd, ausprobierend, und er schaut dabei nach unten auf seine Füße, als wäre er noch nie in seinem Leben gelaufen. Kaum sitzt er dann auf der Wolldecke, zieht er wie gewöhnlich die Sandalen aus und wirft sie fort. Das wird etwas später der Anlaß für eine neue, diesmal schmerzliche Erfahrung. Obwohl es erst gegen Mittag geht, ist der Sand bereits glühend heiß. Kai steht auf und will zum Wasser laufen, zwei schnelle Schritte, drei, und schon schreit er und weint, weil er sich die Füße verbrennt, und er weiß nicht, daß er auf die Decke zurückfliehen könnte. Ich springe auf und hebe ihn hoch. «Spatzli, hier kann man nicht barfuß laufen.» Ich trage ihn ans Meer und stelle ihn in die Brandung. Sofort beruhigt er sich und lacht, beugt sich hinunter und klatscht mit den Händen auf den weißen Schaum. Jetzt ist er ganz glücklich, Wasser liebt er ja, und er macht einige tastende Schritte den Wellen entgegen. Ich ziehe die Schuhe aus und gehe mit ihm. Henrik ist auch gekommen und hat uns schon überholt. Aber Kai will nicht weiter hinein. Wo ihm die Wellen an den Bauch schlagen und ihn umwerfen wollen, macht er kehrt. Am flachen Ufer setzt er sich hin und klatscht wieder mit den Händen aufs Wasser. Maria ist jetzt auch da, und wir spritzen Henrik naß, der sich lachend und prustend wehrt. Ab und zu schaue ich zu Kai zurück, aber wir müssen keine Angst um ihn haben, er ist ganz selig. Er spielt mit den Wellen wie mit einem lang ersehnten Geschenk; nur wenn er Musik gehört hat, habe ich ihn so versunken, so glücklich gesehen. Jetzt schaufelt er sich händeweise Wasser über den Kopf, die Haare kleben ihm naß auf der Stirn. Seine Augen sind leicht gerötet, aber diese Augen lachen, auch sein Mund mit den leicht aufgeworfenen Lippen lacht. Und dieses Glück, in dem Kai jetzt aufgehoben ist, steckt uns an. Maria und ich toben durchs Wasser wie zwei Kinder. Da steht Kai auf. Splitternackt. So haben wir ihn zwar oft genug gesehen, aber hier am Strand laufen selbst Kleinkinder nicht nackt herum. Wo ist die Badehose? Nirgends, fort, baden gegangen. Kai hat sie ausgezogen, die Unterströmung hat sie mitgenommen und ins Meer hinausgezogen. Noch außer Atem nehme ich Kai auf den Arm. «Du dummer, kleiner Fisch, wir sind hier nicht zu Hause, hier darfst du nicht nackt rumlaufen.» Aber Kai lacht, und Wassertropfen glitzern wie Tränen an seinen Wimpern. Es müssen Tränen der Freude sein. Irgendwo draußen im Meer schwimmt jetzt eine Badehose – vielleicht wird sie irgendwann irgendwo wieder an den Strand gespült werden als ein kleiner Gruß von einem kleinen Jungen, der im Wasser so glücklich war – nackt, so nackt wie sonst im Leben.

*

Heute nachmittag sind wir etwas früher als sonst an den Strand gegangen. Die Kinder haben sich inzwischen an die Sonne gewöhnt und werden wohl kaum noch einen Sonnenbrand bekommen. Wir cremen ihnen den Rücken ein, und sie fangen an zu spielen. Der rote Eimer und die Schaufel bleiben liegen, Henrik zeigt Kai, wie man mit den Händen eine Sandburg baut. Maria liest ein Buch. Ich creme mich ein, breite ein Handtuch aus, lege mich auf den Rücken. Ab und zu liest Maria einen Satz laut vor, den sie besonders interessant findet. Es geht um Organtransplantationen. Ich blinzle zu ihr hinüber, damit sie weiß, daß ich zugehört habe, dann schließe ich wieder die Augen. Auf einmal fängt es an zu regnen: Sand, genau auf meine Brust. Erstaunt öffne ich die Augen, Kai steht über mir und läßt den Sand zwischen seinen Fingern herunterrieseln. Ich halte meine Hände darunter. Jetzt macht er die Hände ganz auf, läßt den letzten Rest fallen und setzt sich rittlings auf meinen Bauch. Dann fängt er an, mich planmäßig mit Sand zu bestreuen. So werde ich wohl nie braun, aber ich lasse ihn, denn es macht ihm Spaß. Er quietscht vor Vergnügen. Maria lacht und kramt nach dem Fotoapparat. Henrik hat seine Sandburg verlassen, er steht neben mir und verschränkt die Arme. Fachmännisch bemerkt er: «Wie ein paniertes Schnitzel.» Ich muß die Augen zumachen, denn inzwischen ist Kai bei meinem Gesicht angelangt. Während ich so daliege und meinen kleinen Sandmann streuen lasse, kommt mir meine Kinderzeit in den Sinn. Die ersten Ferien an der Ostsee. Und ich erinnere mich, daß wir uns damals auch mit dem größten Vergnügen gegenseitig im Sand eingebuddelt haben.

*

Der Mond zieht einen breiten silbernen Streifen übers Meer. Wir laufen barfuß am Strand entlang, Maria und ich. Es ist unser erster «freier» Abend. Wir haben beschlossen, daß wir die Kinder alleinlassen können. Vielleicht wird Kai von Muscheln und Seeigeln träumen. Vielleicht werden die Wellen durch seinen Schlaf gehen. Wenn er aufwachen sollte, dann wird er

höchstens an den Kühlschrank gehen und wird etwas trinken. Und dann ist ja Henrik da – unser großer Henrik.
«Ich hätte Lust zu schwimmen.» – «Ich auch.» Wir haben kein Badezeug dabei. Macht nichts, wir ziehen uns aus und schwimmen ein Stück weit hinaus. «Weißt du, daß man hier nicht nackt baden darf?» – «Im Dunkeln sieht's ja keiner.» Wir schwimmen zurück, ziehen die Kleider auf die nasse Haut und laufen weiter am Strand entlang. Auf der Promenade verlieren sich die Häuser und mit ihnen die Lichter. Nur das Mondlicht liegt noch überm Sand. «Gehn wir noch einen Wein trinken?» Wir kehren um. Laufen zur Straße. Unter Palmen stehen Tische, Menschen tanzen unter bunten Lampions. Wir suchen einen freien Tisch, wir schweigen. Die Probleme, über die wir hätten sprechen können, liegen weit hinter uns. Plötzlich sagt Maria: «Ich möchte tanzen.» Wir tanzen. «Weißt du, ich habe seit Jahren nicht getanzt – ich glaube seit Kai da ist.» – «Wart nur», sage ich, «jetzt wird alles besser.» – «Nein», antwortet sie bestimmt, «es *ist* schon alles gut.» Wir sind glücklich, weil wir fühlen, daß das Leben da ist. Für uns. Nein, nicht für uns, für Kai.
Es wird spät. Wir tanzen und tanzen. Es ist wie ein Taumel, wir tanzen für Kai, tanzen einem neuen Leben entgegen, seinem neuen Leben.
Wie zwei glückliche Kinder kehren wir heim. Neben Kais Bett, auf einem Stuhl, sitzt Henrik, er schläft. Die Mundharmonika liegt neben ihm. Ich trage Henrik ins Bett. Oh Henrik, du bist einfach Klasse. Wir wissen schon, daß du wach bleiben wolltest. Morgen nehmen wir dich mit – morgen nehmen wir euch beide mit.

*

Am nächsten Abend ziehen wir die Kinder hübsch an und schlendern die Strandpromenade entlang. Maria und Henrik gehen Hand in Hand voraus. Henrik hat nach langen, langen Jahren endlich das Gefühl, daß seine Mutter ganz für ihn da ist. Wir sind schon eine komische Familie: Eigentlich bin ich ja nur so eine Art Hilfspapi, aber es ist durchaus möglich, daß mich die Leute für Kais Vater halten, zumal Kai trotz seiner elf Jahre nicht älter aussieht als Henrik. Irgendwo im Grunde meines Herzens wäre ich sogar stolz darauf, wenn man mich für Kais Vater halten würde. Viel haben wir ja nicht vorzuweisen. Aber immerhin machen wir nicht mehr in die Hosen, und immerhin schmieren wir uns selber unser Brot. Das ist doch schon eine ganze Menge, und ich finde, daß wir stolz darauf sein können. Gut, ich bin kein Vater, der sagen kann: Mein Sohn geht aufs Gymnasium, und: Mein Sohn wird Medizin studieren. Und es wird mich auch nie jemand danach fragen, was Kai studieren wird. Aber das macht nichts. Kai hat in den letzten zwei Wochen den Sand studiert und die Wellen, und vor allem: Er hat das Glück kennengelernt. Jenes Glück, das ganz tief innen entsteht, das nicht aus einem Mehrhaben oder Mehrwissen kommt, sondern jenes wirkliche Glück, das aus dem einfachen Erleben kommt: Ich bin da. Ich bin da unter diesem Himmel, an diesem Tisch, an dieser Hand. Wenn mich jetzt jemand fragen würde, ob ich Kais Vater bin, ich glaube, ich würde die schönste Lüge meines Lebens lügen und würde ja sagen.

Maria dreht sich um, und als hätte sie meine Gedanken erraten, sagt sie: «Was hält denn unser Vater von diesem Lokal?» Es ist der Garten, in dem wir gestern abend getanzt haben. Heute ist kein Tanz, und nur wenige Tische sind besetzt. «Hier sind wir richtig, was anderes kam ja gar nicht in Frage», antworte ich. Und dann sitzen wir wieder an demselben Tisch, und wir lächeln uns zu, weil wir wissen, daß es ein gutes Omen ist. Der Kellner bringt unseren Wein, für Henrik eine Limonade und für Kai einen Apfelsaft. Wir schweigen, sogar Henrik ist verstummt. Uns umklammert die Frage, was Kai jetzt machen wird. Schließlich hat er keinen Plastikbecher vor sich, sondern ein richtiges Glas, und schließlich sind wir nicht zu Hause an unserem Tisch, sondern sitzen mitten zwischen Menschen, mitten in einem «öffentlichen» Lokal. Aber Kai macht gar nichts, er tut das, was man mit Apfelsaft tut: ab und zu trinkt er ein, zwei Schluck, dann stellt er das Glas auf den Tisch zurück.

Langsam löst sich unsere Spannung, und wir fangen wieder an zu plaudern. Irgendwann stellt Kai sein leeres Glas hin und sagt: «Trinken.» Er möchte noch mehr, und so bestellen wir den zweiten «öffentlichen» Apfelsaft.

Henrik erzählt uns laut, wie komisch die Dame am Nachbartisch aussieht; ihren großen Hut findet er einfach zu witzig. Maria zischt ihm etwas zu, aber offenbar zu spät, denn die Dame hat sich bereits pikiert weggedreht und ist nun ganz unter ihrem enormen Hut verschwunden. «Guck mal, jetzt hat sie überhaupt keinen Kopf mehr», sagt Henrik laut. Wir sind entsetzt, ich packe sein Handgelenk und sage grob: «Sei jetzt still, das kannst du uns nachher erzählen.» Henrik ist beleidigt, uns ist nicht ganz wohl in unserer Haut, und Kai ist müde. Es ist wirklich höchste Zeit zu gehen. Wir brechen auf. Ausgerechnet Henrik mußte uns heute abend blamieren, wo wir das doch von Kai erwartet hatten. Aber so komisch ist das Leben.

Wir bringen die Kinder zu Bett. Maria versucht Henrik zu erklären, was er falsch gemacht hat. Währenddessen sitze ich bei Kai und erzähle ihm den heutigen Tag. Nur den Schluß der Geschichte behalte ich für mich, die Sache mit dem Apfelsaft. Ich möchte, daß das für uns beide selbstverständlich ist – für Kai und für mich. Dann sage ich ihm Gute Nacht. Er streichelt über meine Wange und flüstert «Hatemuti». Also bin ich wieder ein Stück erwachsener geworden. «Hamu» hat sich zu «Hatemuti» entwickelt. Und noch einmal bin ich sehr stolz an diesem Tag.

*

Ein Urlaub in Spanien müßte jahrelang dauern, wenigstens für Kai. Schon diese drei Wochen haben ihm so gut getan. Wenn wir doch nur mehr Zeit hätten! Aber wir haben keine Zeit, unsere drei Wochen sind um. Auf mich wartet das Studium, und auf Kai wartet wieder das Heim.

Heute bin ich mit den Kindern allein am Strand, weil Maria schon dabei ist zu packen. Die Sonne brennt heiß vom Himmel herunter wie jeden Tag, und doch erscheint mir dieses Blau trü-

ber als sonst. Der strahlende Himmel macht mich melancholisch, weil ich weiß, daß wir ihn schon bald gegen graue Wolken eintauschen müssen. Auch Kai und Henrik scheinen zu spüren, daß dieser Nachmittag am Strand eine Stunde des Abschieds ist. Sie wollen nicht spielen und haben auch keine Lust, ins Wasser zu gehen. Aber wir müssen die Zeit nützen. «Kommt!» sage ich, «Bald haben wir nur noch die ‹kleine› Badewanne.» Wir planschen ein bißchen im Wasser herum, dann sitzen wir wieder stumm auf der Decke. Wenigstens Kai sagt etwas: «Trinken bitte.» Ich suche in meinen Jeans nach Geld, und wir traben den Strand hinauf zu der Bretterbude. Noch bevor ich nach einer Cola fragen kann, fängt Kai an zu weinen. Er ist offenbar ganz verzweifelt und schreit und heult. Ich bin ratlos, was ist nur geschehen? Da sehe ich, wie er mit aufgerissenen Augen nach unten starrt. Durch den Lattenrost, auf dem wir stehen, tropfen seine Tränen hinunter in den Sand. Sofort weiß ich, was los ist. Es sind höchstens fünfzehn Zentimeter, die den Lattenrost vom Sand trennen. Aber dieser Abstand, der uns in einen leeren Raum stellt, genügt, um Kai in solche Furcht zu versetzen. Ich packe ihn unter den Armen und lege ihn hin, lege mich neben ihn und streichle seinen Kopf. Es ist mir egal, was die Leute darüber denken mögen, daß wir hier vor einer Colabude auf dem Bauch liegen. «Schau, Spatzli, da unten ist die Erde, wir sind gar nicht so weit weg.» Er hört auf zu weinen, und ich schiebe ihn über den Rand hinunter in den Sand. Rasch steht er auf und klettert wieder zu mir auf den Rost. «Trinken, bitte», sagt er noch mal, und ich stelle ihn an die Theke. «Sag ‹Cola bitte›, dann bekommst du etwas.» Und tatsächlich sagt er vorsichtig zu dem schwarzhaarigen Jungen: «Cola bitte.» Er bekommt seine Cola, und ich zahle.
Henrik trampelt schon nervös auf der Decke herum. «Wo wart ihr denn so lange?» fragt er. «Wir haben die Erde entdeckt», antworte ich lachend. Aber das interessiert Henrik nicht, er rollt die Decke zusammen und meint nüchtern: «Mami wartet bestimmt schon mit dem Abendessen.» Kai trinkt noch seine Cola, er gibt auch Henrik etwas ab, und dann machen wir uns auf.

Vor dem kleinen Andenkenladen an der Ecke mache ich plötzlich halt. Ich habe etwas entdeckt. Oben über einer Reihe von Postkarten hängt ein grüner Frosch. Er ist aus Stoff und mit Sand oder Reis oder sonstwas gefüllt. Ich kaufe ihn sofort und drücke ihn Kai in die Hand. Andere Leute nennen solche Dinge Souvenir. Ich weiß in diesem Augenblick nur, daß Kai etwas mitnehmen muß, was er anfassen kann. Wenn kein Sand mehr da ist und kein Strand mehr, wenn der Himmel nicht mehr blau ist, und wenn weit und breit kein Spanien mehr ist, dann muß etwas da sein, auf das er seine Hand legen kann, etwas, das ihm greifbar beweist, daß der Himmel einmal blau war, und daß die Sonne einmal unerschöpflich geschienen hat. «Und ich kriege dies Auto da», sagt Henrik. Er hat recht. Kai preßt den Frosch an seine Brust, und ich kaufe Henrik das Auto.

*

Über München regnet es, der Pilot hat uns eine Temperatur von sechzehn Grad angekündigt. Meine Augen versuchen ein letztes Stück blauen Himmel festzuhalten, dann versinken wir in den grauen Dunst der Wolken. Kai beginnt unruhig zu werden. Ich halte ihm die Hand hin, ängstlich umklammert er sie, hält sich daran fest, als könnte sie dieses schneller werdende Fallen verhindern. Dann dreht er meine Hand um, drückt sie auf seine Knie und preßt sein Gesicht hinein. Zwischen meinen Fingern fühle ich seine Tränen. Ich lege meine andere Hand auf seinen Kopf. «Spatzli, es ist besser, wenn du den Kopf oben läßt.» Er versucht es, drückt sich nach hinten ins Polster. Ich beuge mich zu ihm hinüber: «Es ist gleich vorbei, und weißt du, wer uns abholt?» Seine Tränen sind heiß auf meiner Wange. Endlich spüre ich den leichten Ruck, mit dem die Räder aufsetzen. «Wir können dem Papi doch keine Tränen aus Spanien mitbringen!» Ich halte Kai ein Tempotuch hin, er wischt sein Gesicht ab, putzt die Nase. Ein vorsichtiges Lachen kehrt in seine Augen zurück. Maria meint, daß es besser ist sitzen zu bleiben, bis die anderen ausgestiegen sind. Henrik ist ganz zappelig. Er kann das Wiedersehen kaum erwarten, es gibt ja so viel zu erzählen. In seinen Augen leuchtet noch der ganze Himmel über Spanien, und in seiner Hosentasche klappern ein paar Muscheln, von denen eine jede ihre kleine Geschichte hat.

An der Paßkontrolle drängelt sich Henrik durch, er ist schon draußen, bevor wir unsere Pässe vorgezeigt haben. Da, da steht der Papi, Henrik springt ihn an wie ein junger Hund. «Schau dir das an», sagt Maria, «ich bin gespannt, was Kai macht.» Kai zieht an meiner Hand. Dann stehen sie sich gegenüber, der Vater hält Kai die Hand hin. Kai nimmt sie, greift mit der anderen Hand zärtlich nach dem Ohr seines Vaters und zieht den Kopf zu sich herunter. Ein kleines, nie gesagtes Wort: «Papi». Der Lärm in der riesigen Halle versinkt hinter diesem einen Wort. Ich sehe wie der Vater seine Erschütterung zu verbergen sucht. Schweigend begrüssen wir uns, gehen das Gepäck abholen. Nur Henrik plappert wie ein Wasserfall und springt aufgeregt um uns herum. Und dann kommt sie, die ganz große, wichtige Neuigkeit: «Papi, Papi, der Kai kann alleine essen!» Auf dem Weg zum Parkplatz erscheint uns der Himmel nicht mehr ganz so grau. Hinten im Auto steht Henrik auf, beugt sich nach vorne. «Hast du gehört», schreit er nochmal, «der Kai kann alleine essen.» Ein Kopfnicken des Vaters. Mehr nicht.

Zu Hause packen wir aus. Maria macht gleich eine Waschmaschine fertig. All das werden wir lange nicht mehr tragen, die luftigen T-Shirts und die Shorts. Wir werden wärmere Sachen anziehen müssen. Aber in uns wird ein Feuer weiterbrennen, das wir in Spanien angezündet haben. Hoffentlich wird es auch in Kais Leben noch lange nachleuchten. Jetzt steht er todmüde neben der Waschmaschine und schaut verloren der sich drehenden Wäsche zu. Maria schmiert ihm ein Brot, er ißt es im Stehen und trinkt noch ein bißchen Johannisbeersaft. Dann bringe ich ihn ins Bett. Wir Großen – also auch Henrik – werden später essen.

«Gute Nacht, Kai.» Er weiß es noch nicht. Heute abend bringe ich ihn das letztemal zu Bett. Für eine lange, lange Zeit, vielleicht für immer. Morgen muß er nach Föhrenbühl zurück.

Morgen werde ich nach Zürich fahren, und bald werde ich wieder in Detmold sein und studieren. Er schlingt seine Arme um meinen Hals: «Hatemuti.» Dann legt er sich auf die Seite, zieht wie immer die Beine an. Er schläft sofort ein. Ich betrachte ihn noch eine Weile, dann gehe ich aus dem Zimmer. Mehr eigentlich. Ich gehe aus der Welt, aus seiner Welt, die so groß geworden ist, die so hell geworden ist. Ab morgen wird Kai einen anderen Namen lernen: Franz. Ich kenne Franz, und ich glaube daran, daß es mit ihm und Kai gutgehen wird. Ich will daran glauben. Ich muß daran glauben.
Unten sitzen sie schon bei Tisch, warten mit dem Essen auf mich. Henrik erzählt gerade von einem «panierten Schnitzel». Ich setze mich dazu und schweige. Meine Gedanken sind woanders, sie sind bei Kai. Seine Zukunft liegt wie ein großer, dunkler Schatten auf dem Licht meiner Erinnerungen. Später sagt Maria: «Ich weiß, daß du traurig bist, aber du darfst nicht traurig sein. Kai hat sich in seinem ganzen Leben nicht so viel gefreut, er hat nie so viel gelacht. Das wiegt alles auf, vielleicht sogar die Zukunft.»

*

Am nächsten Morgen komme ich mit Kai nach unten. Er ist gewaschen und gekämmt, und er ist fröhlich. Ich traue meinen Augen nicht: Kais Vater deckt den Frühstückstisch – mit dem besten Porzellan. An Kais Platz steht kein Plastikbecher und kein Plastikteller – da steht das gute Geschirr. Was für ein Vertrauen dieser Mann hat! Als Henrik rief: «Papi, Papi, der Kai kann alleine essen», da hatte er nur genickt, und jetzt das. Also muß ich auch Vertrauen haben. Ich darf einfach nicht an dieses Porzellan denken. Und Kai enttäuscht uns nicht. Als wäre es das Selbstverständlichste von der Welt, ißt er sein Brot und trinkt seinen Kakao. Fünf normale Menschen sitzen am Tisch und frühstücken. Kai gehört zu uns. Und wenn seine Tasse leer ist, dann stellt er sie auf den Teller zurück und sagt: «Bitte trinken.» Ich sehe die Blicke zwischen Maria und ihrem Mann. Ich sehe, wie die Belastungen, die seit Jahren auf dieser Ehe gelegen

haben, abbröckeln. Mit jedem Bissen, den Kai von seinem Brot abbeißt, kommen sich zwei Menschen wieder näher.
Marias kleines Auto ist gepackt. Kais Koffer, mein Koffer. Sie werden in verschiedene Richtungen reisen. Wir fahren nach Föhrenbühl. Eine halbe Stunde spreche ich mit Franz. Er ist ein stiller, junger Mann. Er ist das, was ich war: ein Kriegsdienstverweigerer. Ich versuche, ihm die wesentlichsten Dinge zu sagen. Daß man Kai nicht zwingen darf, daß man ihn lassen muß. Dann nehme ich Abschied von Kai. Ich rede mir ein, daß es kein Abschied ist, ich komme ja in ein paar Tagen wieder. Ich nehme seine Hand und gebe sie Franz. «Sei lieb, Spatzli, der Franz ist dein Freund. Und ich komme bald und schaue nach, ob er auch lieb zu dir ist.» Wir gehen zum Auto. Kai winkt uns nach. Mit der anderen Hand hält er sich an Franz fest. Schweigend fahren wir nach Überlingen. Zum Bahnhof. Auf dem Bahnsteig umarmen wir uns. «Komm mal nach München.» – «Ja, bestimmt.» Durchs Abteilfenster fassen wir nochmal unsere Hände. Der Zug rollt schon. Wir winken nicht, schauen uns nur nach. In einer Kurve trennt der Zug unsere Blicke.

*

Das Wochenende in Zürich ist wie im Flug vergangen. Noch einmal fahre ich nach Föhrenbühl. Ich habe ein schlechtes Gewissen. Ich habe mich für mein Studium entschieden, ich habe mich gegen Kai entschieden. Irgendwie komme ich mir vor wie ein Verbrecher: Im Grunde habe ich Kai nicht nur verlassen, ich habe ihn verraten. Er wird mich vergessen müssen, ich werde ihn vergessen müssen. Ich weiß, daß wir das nicht können. Die Tränen, die wir umeinander geweint haben, haben tiefere Spuren hinterlassen als nur den Dreck auf unseren Gesichtern. Auch die Sonne über Spanien hat mehr verändert als nur unsere Hautfarbe. Und all die Wege, die wir Hand in Hand gegangen sind, haben uns weiter geführt, als unsere Füße je gehen könnten. – Ich werde nicht lange in Föhrenbühl bleiben. Ich will nur sehen, ob es Kai gut geht, ich möchte sehen, daß es ihm gut geht.

Dann will ich gleich wieder gehen. Ich will uns den Abschied nicht unnötig schwer machen. Ich weiß, daß es ein Abschied für immer ist. Sicher – ich werde Kai wiedersehen, vielleicht werden wir auch nochmal zusammen in die Ferien fahren. Aber es wird nie mehr «mein» Kai sein, ich werde nie mehr «sein» Hartmut sein. Andere Menschen werden durch sein Leben gehen, andere Betreuer werden ihn an der Hand nehmen. Ich hoffe, daß sie gut zu ihm sind, besser vielleicht, als ich es in unseren glücklichsten Stunden sein konnte.

Mit schwerem Herzen betrete ich das Heim. Es ist Mittag. Kai sitzt am Tisch, die linke Hand an der Holzkante, mit der rechten löffelt er seine Suppe. Er bemerkt mich, steht auf, nimmt mich an der Hand. «Hatemuti», sagt er leise und zieht mich zum Tisch. Ich habe dieses Wort geliebt. Jetzt schneidet es mir ins Herz.

Die Kinder gehen zum Mittagsschlaf in ihre Zimmer. Es ist besser, ich gehe gleich. Wo ist Kai? Er hat im Kinderzimmer Olivers roten Spielzeugkoffer ausgeschüttet, hat seinen Frosch und die Mundharmonika hineingelegt. Jetzt steht er draußen vor dem Haus, das rote Köfferchen in der Hand. «Mitgehen ich», flüstert er, «mitgehen ich.» Ich kniee vor ihn hin. «Kai, es geht nicht, aber ich komme dich bald besuchen.» Ich weiß, daß ich lüge. Ich werde für eine lange Zeit nicht kommen. Es würde nur Erinnerungen in ihm wecken, auch schöne Erinnerungen, die dann wehtun würden. Ich sage nicht: «Auf Wiedersehen», ich sage: «Leb wohl, Kai.»

Auf der Straße schaue ich zum letztenmal zurück. Er läuft mir nicht nach, er schaut mir nicht nach. Er blickt starr vor sich hin. Er ist in sich hinein geflohen.

Sein Bild verschwimmt vor meinen Augen. Ich drehe mich um und folge mechanisch der Asphaltstraße.

*

Fast ein halbes Jahr ist vergangen. Zweimal habe ich Kai in Föhrenbühl besucht. Er ist fröhlich, spricht verhältnismäßig viel. Inzwischen macht er nachts auch nur noch selten naß. Die Zeiten, wo er gefüttert werden mußte, scheinen endgültig vergessen zu sein. Über meine Besuche freut er sich, begrüßt mich mit «Hatemuti» und streichelt mich. Aber ich sehe doch, daß er sich ganz an Franz angeschlossen hat. Bei einem gemeinsamen Spaziergang geht er mit Franz. Ich bin froh darüber, daß er wieder einen Menschen hat, neben dem er leben und glücklich sein kann.

Maria schreibt mir zuversichtliche Briefe, sie plant, ein kleines Haus zu kaufen, entweder auf Korfu oder in Italien. Dort soll Kai die nächsten Sommerferien verbringen. Wahrscheinlich mit Franz, vielleicht auch mit mir.

Aber es kommt anders. Im März, ich bin jetzt ein Jahr von Föhrenbühl weg, wird Kai wieder rückfällig. Wir können es nicht begreifen. Stundenlang telefoniere ich mit Giselheid. Es gibt eine Erklärung: Franz hat sich in eine Mitarbeiterin verliebt. Zuerst hatte noch niemand etwas davon gewußt außer Kai, er hatte es gespürt, und er hatte sofort reagiert. Natürlich hatte sich für Franz Kai gegenüber nichts geändert, er hatte ihn genauso lieb wie immer, hatte sich genauso aufmerksam um ihn gekümmert wie bisher. Und doch war für Kai etwas zerbrochen. Er fühlte, daß Franz nicht mehr sein Franz war, ganz und uneingeschränkt. Es war keine Eifersucht, sondern wahrscheinlich ein tiefes Erschrecken vor einem inneren Verlust. Und von heute auf morgen war Franz machtlos; alle Bemühungen, alle Zuwendung blieben vergeblich. Kai spricht nicht mehr, er kratzt wieder, er muß beim Essen wieder angebunden werden.

Franz bittet schweren Herzens um einen Betreuerwechsel. Er übernimmt eine andere Gruppe. Aber auch seinem neuen Betreuer gegenüber bleibt Kai voller Aggressionen. Maria resigniert. Die Sommerferien fallen ins Wasser, Kai muß im Heim bleiben.

Ich fahre ihn besuchen. Er will nichts von mir wissen, ich bin für ihn ein Feind wie alle anderen. Enttäuscht und traurig reise ich wieder ab.

*

Es wird Herbst, es wird Winter, es wird wieder Frühling. Fast jede Nacht geht Kai durch meine Träume, ein lachender Kai, ein weinender Kai. Manchmal erwache ich glücklich, dann schrecke ich wieder schweißgebadet aus furchtbaren Bildern auf. Die Nachrichten aus Föhrenbühl bleiben unverändert düster. Kai ist in diesem März dreizehn Jahre alt geworden. Von der Heimleitung kommen die ersten Andeutungen, daß man ihn mit vierzehn Jahren entlassen muß. Für eine Kindergruppe wird er dann zu alt, und ihn in die Werkstätten zu schicken ist absolut undenkbar.

Verzweifelt sucht Maria nach einem Heim für Kai oder nach einem Betreuer oder... oder... Tagelang ist sie unterwegs, um Heime anzusehen, um mit Heimleitern zu sprechen. Für Kai scheint es in dieser Welt keinen Platz mehr zu geben, höchstens einen Anstaltsplatz, wo man ihn mit Medikamenten zur Ruhe bringen wird und wo die Spritze die Liebe ersetzt. Maria ist fest entschlossen, daß es so weit nicht kommen darf.

Endlich, eines Tages, zeigt sich ein schmaler Hoffnungsstreifen am Horizont. Jürgen Hauser will versuchen, in München eine Tagesstätte für behinderte Kinder zu eröffnen. Er und Maria suchen lange nach einem geeigneten Haus. Fünf Monate später ist es soweit: Ein großes, altes Haus öffnet seine Türen für vierzehn behinderte Kinder. Es heißt Kinderhaus «Kai», und so heißt auch der erste Gast, der verstört und ängstlich das Haus betritt.

Es geht jetzt rasch wieder bergauf mit Kai. In der Hauptsache kümmert sich Michael um ihn. Auch er hat als Kriegsdienstverweigerer in Föhrenbühl gearbeitet. Anschließend wollte er eigentlich Mathematik und Chemie studieren, aber vorläufig hat er keinen Studienplatz bekommen und steht auf der Warteliste. Nun widmet er sich ganz Kai, abends, wenn das Kinderhaus schließt, nimmt er ihn mit zu sich nach Hause oder fährt mit ihm zu Maria. Schon nach wenigen Tagen fängt Kai wieder an zu sprechen, die Aggressionen hören auf und weichen ersten, vorsichtigen Zärtlichkeiten. Nach wenigen Wochen muß er beim Essen auch nicht mehr angebunden werden. Wir atmen auf.

Maria erinnert sich wieder an ihre Träume von einem kleinen Haus im Süden. Sie fährt nach Italien und findet am Trasimenischen See ein abgelegenes, nicht zu teures Haus. Die Bezeichnung Haus ist ein wenig übertrieben, es dürfte sich ursprünglich um eine Art Stall gehandelt haben. Es gibt keine Toilette, und es gibt keinen Strom. Aber es gibt fließendes Wasser, das von einer nahen Quelle kommt. Und es gibt einen Kamin. Am meisten aber ist Maria von der Lage und von der Umgebung begeistert.
Noch einmal schmieden wir Pläne, und noch einmal fahren wir in die Ferien. Maria hat nicht übertrieben. Ihr kleines Domizil liegt völlig einsam in den Hügeln. Weit und breit ist kein einziges Haus zu sehen, nur Ölbäume und Zypressen recken sich zum Himmel, und in sanften Linien ziehen sich Weinberge ins Tal hinunter. An ihrem Fuße glitzert der See.
Kai und Henrik besichtigen als erstes unseren Sommersitz. Er ist aus Feldsteinen gefügt und hat einfache hölzerne Türen und Fensterläden. Unten ist eine Art Keller, die Cantina, in der Fässer mit Rotwein stehen, der von den umliegenden Hügeln stammt. Vor dem Haus führen steinerne Stufen in den sogenannten ersten Stock. Hier ist ein größerer Raum, der auch noch klein genug ist, mit einem Spülstein und dem Kamin. Sonst ist gerade noch Platz für einen Schrank und einen Eßtisch mit Stühlen. Nebenan sind zwei kleine Kammern. Dazwischen hat Maria ein winziges Badezimmer einbauen lassen, das aber noch nicht benutzbar ist. So sorgen wir zuerst ein Stück weit vom Haus zwischen Büschen für ein «Notklo». Den ersten Tag haben wir damit zu tun, uns häuslich einzurichten, Lebensmittel einzukaufen und Holz für den Kamin zu sammeln. Dann haben wir nichts mehr zu tun. Drei Wochen lang. Ich mache mit den Kindern Erkundungsausflüge. Nachmittags fahren wir oft zum Baden an den See, und abends bummeln wir manchmal durchs Dorf oder gehen in ein Restaurant zum Abendessen. Mit Kai. Ja, er benimmt sich genauso anständig wie Henrik und macht sogar seine ersten Versuche, mit Messer und Gabel zu essen. Er ist sehr viel ruhiger geworden. Aber er ist auch stiller geworden, er spricht eigentlich kaum noch.

Wenn die Kinder im Bett sind, sitze ich oft lange mit Maria an der offenen Haustür. Über uns spannt sich ein milder Sternenhimmel, vom See herauf blinken ein paar Lichter. Bei einem Glas Rotwein führen wir nachdenklich Gespräche um Kai, der jetzt langsam in die Pubertät kommt und der irgendwann ein erwachsener Kai sein wird. Auch im Kinderhaus «Kai» wird er eines Tages nicht mehr bleiben können. Und Michael wird irgendwann mit seinem Studium anfangen. Aber wir sind zuversichtlich. Die Gefahr, daß Kai noch mal rückfällig wird, scheint jetzt nicht mehr zu bestehen, er ist schließlich bald kein Kind mehr. Und eines wissen wir ganz sicher: In der größten Hoffnungslosigkeit und in den Stunden der tiefsten Verzweiflung hatte sich immer wieder ein Weg gefunden, und es war weitergegangen. Und darauf vertrauen wir, daß dieser Weg weiterführen wird, daß es auch in Zukunft für Kai einen Weg geben wird.

*

Unsere Ferien sind mit Baden, Träumen, Essen und sehr viel Faulenzen zu Ende gegangen. Kai hat sogar ein paar Pfund zugenommen. Beide Kinder sind braungebrannt und ausgeglichen. Ich gehe wieder an mein Studium, und Maria fährt mit den Kindern und einer sehr aufregenden Idee nach München zurück. Es dauert über ein Jahr, bis sie diese Idee verwirklicht hat, aber sie schafft es. Eines Tages liegt der gedruckte Prospekt auf meinem Schreibtisch: «Feriendorf Trasimeno», ein Feriendorf für behinderte Kinder. In dem Prospekt sind einige Fotos, Kinder in Rollstühlen vor einem großen Tor, Kinder, die im See baden. Mitten unter ihnen entdecke ich Kai. Ich bewundere Maria. Neben allen Problemen, die sie mit ihrem eigenen Kind hat, und neben ihrem anstrengenden Beruf bringt sie die Energie auf, einen Förderverein zu bilden, in Italien ein weiteres, größeres Haus auszubauen und ein Dorf für Behinderte zu gründen. Was hat diese Frau geleistet! Sie hat um ihr eigenes Kind gekämpft, gebangt und gelitten. Und anstatt sich von diesen Sorgen überwältigen zu lassen, findet sie die Kraft, auch noch für andere Behinderte dazusein. Ich finde, daß Kai eine wunderbare Mutter hat.

*

Hier endet meine Geschichte, nein, sie endet nicht, sie bricht nur ab – an einer Stelle, wo meine Kinder nicht mehr *meine* Kinder waren. Die Geschichte von Kai geht weiter, auch die Geschichte von Arnd, von Klaus, von Sigrid und von all den anderen geht weiter.
Nur die Geschichte von Michael ist zu Ende. Er ist in einer Novembernacht an einer Lungenentzündung gestorben. Rosemary war bei ihm. Als der Brief von Giselheid kam, habe ich nicht geweint. Wenigstens das hatte Michael verdient, daß ich nicht um ihn weine. Schließlich war es sein Schicksal, und es war sein Tod. Ich weiß nicht, ob er zuletzt geweint hat, aber ich weiß, daß er in all den schweren Jahren gelächelt hat. Daß er ja gesagt hat zu seinem Leben, so wie er es von einem kranken Vater geerbt hatte. Er hatte keine Sprache, um sich über sein Los zu beklagen. Er hatte keine Beine, auf denen er hätte davonlaufen können. Er hatte keine Hände, mit denen er sich hätte wehren können. Er hatte nur seine Augen, und diese Augen waren zuversichtlich, diese Augen haben gelächelt. Alle, die Michael gekannt haben, Adelheid, Rosemary, ich und auch Sigrid, werden sich an dieses Lächeln erinnern, wenn sie an Michael denken.
Ist die Geschichte von Michael wirklich zu Ende? Solange ich lebe, ist diese Geschichte noch nicht zu Ende, solange Rosemary lebt, ist diese Geschichte nicht zu Ende. Ich habe Rosemary nicht wiedergesehen, aber ich weiß, daß Michael in ihrem Leben steht, mitten in ihrem Leben, so wie er mitten in meinem Leben steht. Der kranke, der tote Michael. Er hat uns gezeigt, wie klein, wie billig unsere eigenen Probleme sind. Er hat uns gezeigt, wie sehr wir versagen, wenn wir traurig sind, wenn wir uns ärgern, wenn wir wütend sind. Michael hatte wohl mehr Grund, traurig zu sein, verzweifelt zu sein, wütend zu sein. Aber er hat gelächelt.

Und auch zwischen all den Tränen, die Kai geweint hat, ist eines Tages das Lächeln erwacht, ein zärtliches Lächeln, ein fröhliches Lachen. Wir haben lange auf diesen Augenblick warten müssen. Kai hat lange darauf warten müssen. Aber der Augenblick ist gekommen. Es war der Augenblick, in dem Kai aus einem dunklen Käfig heraustrat und das Licht der Sonne entdeckte. Es war der Augenblick, in dem er sich aus einem schrecklichen Krampf löste und die Liebe entdeckte, die Liebe zu uns, die Liebe zum Leben. Zeichen dieses Aufbruchs war sein Lächeln, denn nur wer lächelt liebt, liebt den Menschen, dem er zulächelt, liebt das Leben, dem er entgegenlächelt. Mit einem einzigen Lächeln bekam etwas einen Sinn, was viele Menschen heute für sinnlos halten: das Leben eines Behinderten.

Was ist behindert? Wir alle beginnen unser Leben mit einem Schrei, wir können nicht laufen, wir können nicht sprechen. Wir müssen lange gefüttert werden, und wir müssen lange gewaschen werden. Und wenn wir in vielen langen Jahren laufen lernen, sprechen und schreiben, dann brauchen wir immer die Hilfe anderer Menschen. Ohne Eltern, Lehrer und Freunde wären wir unfähig zu leben. Und wenn wir das Glück haben, wirklich alt zu werden, dann kommt vielleicht der Tag, an dem wir wieder Menschen brauchen, Menschen, die uns füttern und die uns waschen. Vielleicht kommt dann wieder der Tag, an dem wir nicht sprechen können und nicht laufen.

Wir, die wir uns «normal» nennen, gehen gerne an allen vorbei, denen es schlechter geht als uns. Wir schicken die Behinderten in Heime, die Kranken in Krankenhäuser, und die Alten schicken wir wieder in Heime. Wir halten uns für normal, weil wir sprechen können, und wir vergessen die vielen Sinnlosigkeiten, für die wir unsere Sprache benutzen. Wir halten uns für normal, weil wir laufen können, und vergessen, wie viele unserer Schritte umsonst, dumm und sinnlos gewesen sind. Wir halten uns für normal, weil wir unsere Hände gebrauchen können, und vergessen, wie viel diese Hände schon falsch gemacht haben. Und wir halten uns für normal, weil wir uns gesund fühlen. Wenn uns morgen jemand sagt, daß wir Krebs haben oder Sklerose oder..., vielleicht sind wir dann übermorgen schon behinderter als viele Behinderte. Wer von uns wird dann noch die Kraft aufbringen zu lächeln? Jenes aufrichtige, herzliche Lächeln eines Michael? Vielleicht kommt für uns noch die Stunde, wo wir beweisen müssen, daß wir nicht behindert sind. Behindert darin, ja zu sagen: zu unserem Leben, zu unserem Schicksal, und sei es noch so schwer, ja – mit einem Lächeln.

Ich vergesse nicht die vielen Tränen, die ich um Kai geweint habe, ich vergesse nicht die vielen Tränen, die Kai um mich geweint hat. Aber ich vergesse vor allem nicht die Momente des Glücks, in denen wir uns ein Lächeln schenken konnten. Es war wohl das Kostbarste, was wir einander gegeben haben. Es waren die Augenblicke, wo unser beider Leben sinnvoll wurde: mein Name «Japu» an einem Vormittag, ein paar Töne auf der Mundharmonika, während die Sonne hinter den Alpen versinkt, am Strand von Gandhia eine Handvoll Sand auf einen Bauch gestreut, ein Glas Apfelsaft ganz alleine getrunken nach zehn Jahren Hungerstreik. Augenblicke, in denen Kai gelächelt hat.

*

Die Geschichte geht weiter. Kai lebt heute in einem Heim bei München. Seit der Pubertät ist er ruhiger geworden, und er kann in einer Werkstatt leichtere Arbeiten verrichten. Er hat Spaß daran. Seine Geschichte, die ich wiederzugeben versucht habe, steht, so glaube ich, für die Geschichte von Tausenden von Behinderten. Und wir fragen uns vielleicht, welchen Sinn ihr Leben hat. Fragen wir uns auch, welchen Sinn unser Leben hat? Die Welt um uns her wird von Tag zu Tag dunkler. Die Gesichter der Menschen werden von Tag zu Tag härter. Wir können an ihnen vorbeigehen, ohne sie zu beachten. Wir können sogar an uns selber vorbeigehen. Aber an den Behinderten werden wir eines Tages nicht mehr vorbeikommen, denn eines Tages werden wir erschreckt feststellen, daß es noch Menschen gibt, die lächeln können, ehrlich, rückhaltlos und ohne Berechnung. Sie heißen Michael, sie heißen Klaus, Sigrid, Hubert, Arnd – und: sie heißen Kai.

LebensLinien

**Erfahrungen,
die uns berühren.
Bücher,
die Mut machen.**

Knaur®
Donna Williams
LebensLinien

Ich könnte verschwinden, wenn du mich berührst

Erinnerungen an eine autistische Kindheit

Knaur®
Anny Duperey
LebensLinien

Der schwarze Schleier des Vergessens

Eine Frau auf der Suche nach ihrer Vergangenheit

Knaur®
Margaret Moorman
LebensLinien

Zwiespalt

Meine schizophrene Schwester und ich

Knaur®
Diana Friel McGrowin
LebensLinien

Wie in einem Labyrinth

Leben mit der Alzheimer-Krankheit

Knaur®
Luree Miller
LebensLinien

Langsam entgleiten

Vom allmählichen geistigen Verfall meiner Mutter

LEBENSLINIEN

Erfahrungen, die uns berühren. Bücher, die Mut machen.

Laura Palmer / Richard Berendzen — **Sie rief mich immer zu sich**
Die Geschichte eines mißbrauchten Sohnes

Joyce Wadler — **Einschnitt**
Mein Leben mit Brustkrebs

Deric Longden — **Dianas Geschichte**
Das Sterben meiner Frau

Hannelore Holtz — **Schatten auf der Seele**
Mein Mann ist depressiv

Christine Preiherr — **Der Tod ist ein Traum**
Vier Jahre mit einem Fixer